Maîtriser l'influence - Les sombres secrets de la persuasion et du contrôle mental

Maîtriser l'influence - Les sombres secrets de la persuasion et du contrôle mental

IJ Nayak

Inde
2023

CONTENU

Chapitre 1 : Histoire de la manipulation mentale

Chapitre 2 : Introduction à la psychologie sombre

Chapitre 3 : Pourquoi et comment la psychologie sombre est-elle utilisée aujourd'hui ?

Chapitre 4 : Techniques utilisées dans les endroits sombres

Chapitre 5 : Reconnaître l'art de la manipulation

Chapitre 6 : Comprendre les mécanismes de la manipulation émotionnelle

Chapitre 7 : Éviter les relations et amitiés toxiques, et comment les prévenir

Chapitre 8 : Techniques avancées de persuasion sombre

Chapitre 9 : Lavage de cerveau

Chapitre 10 : Méthodes qui vous permettront d'anticiper les attitudes des autres

Conclusion

Bonus de chapitre

Le langage et la pensée sont inextricablement liés. Platon, un philosophe grec ancien, a suggéré que nous expérimentons la réalité uniquement à travers le langage ; Wilhelm von Humboldt considérait le langage comme la base de la pensée ; ces idées ont été formalisées dans l'hypothèse Sapir-Whorf qui affirme que la structure d'une langue influence la façon dont pensent les locuteurs ; un exemple clair est la façon dont le nombre de mots disponibles pour distinguer les couleurs influence la façon dont les locuteurs perçoivent les couleurs - ce concept selon lequel des mots limités limitent et canalisent les choix cognitifs est quelque chose que les manipulateurs influents utilisent à leur avantage tout en les guidant dans cette voie de pensée est crucial et largement adopté. au fil du temps par des philosophes comme Humboldt également.

Nineteen Eighty-Four de George Orwell était un livre influent qui mettait en lumière les organes directeurs fascistes qui utilisent des stratégies rhétoriques dans le cadre de leur pouvoir, opérant avec une force de manipulation comparable à celle de n'importe quel narcissique égocentrique ou sociopathe impartial. Ce livre continue d'être enseigné dans les écoles américaines et l'un de ses plus grands impacts a été de révéler comment se produit la manipulation du langage ; spécifiquement en introduisant la novlangue comme langue de choix du gouvernement. La novlangue permet aux pouvoirs en place de modifier les concepts de base et notre perception de la réalité en restreignant l'usage de la langue. Les utilisateurs ne perçoivent que certaines choses en négligeant ou en ne traitant pas tout ce qui pourrait être considéré comme inapproprié. En termes simples, la novlangue définit la réalité pour ses citoyens en restreignant la langue. Par extension, l'individualité devient presque impossible lorsque le langage restreint les options de parole pour l'expression de soi - les adjectifs, par exemple, sont simplifiés en adjectifs défavorables qui empêchent les individus d'exprimer des pensées nuancées sur tout ce qui dépasse leur portée de compréhension et empêchent que les pensées nuancées s'expriment librement. Cela permet au gouvernement de recadrer la réalité telle que perçue par ses sujets à travers des définitions étroites qui limitent les choix disponibles pour l'expression de soi - de la même manière que les partis politiques restreignent souvent les options de discours, limitant ainsi les options qui recadrent la réalité pour toutes les personnes impliquées. Ils utilisent des mots pour créer une pensée polarisée et ajoutent des niveaux d'interprétation dans les mots eux-mêmes, par exemple en qualifiant les rencontres sexuelles de « crime sexuel ». Au revers de la médaille se trouvent les camps de travaux forcés appelés « camps de joie », suggérant des qualités positives à ce qui devrait autrement être une expérience négative – tous conçus pour garantir l'obéissance. Cette tactique s'étend également aux branches gouvernementales nommées à de telles fins : le ministère de l'Amour applique les lois et impose des sanctions tandis que le ministère de la Paix mène la guerre tandis que le ministère de la Vérité agit comme bras de propagande pour leurs branches respectives, leur donnant ainsi de la crédibilité au sein de ses rangs.

Il existe de nombreux exemples de responsables gouvernementaux utilisant des stratégies de recadrage à leur avantage. Lors de l'élection présidentielle américaine de 2016, le candidat Donald Trump a fait la une des journaux lorsqu'il a redéfini les « fausses nouvelles », une appellation généralement appliquée aux sites diffusant de fausses nouvelles sur les réseaux sociaux, pour faire référence à de véritables sources d'information grand public. Rebaptiser des sources d'information réelles en fausses nouvelles avait certainement des connotations de novlangue. Lorsque les acteurs politiques utilisent des slogans ou des slogans qui glorifient leur camp ou en dénigrent un autre, leurs tentatives de manipulation rhétorique emploient des techniques de propagande pour tenter de limiter les choix cognitifs au sein de leur public et tenter de limiter les choix cognitifs proposés par les membres de leur public.

À quoi peuvent servir ces outils dans une relation ou dans un cadre de travail ? Nous en avons déjà vu des exemples, dans notre série Dieu, Diable et Charisme. Les choix rhétoriques peuvent révéler une réponse qui reste non-énoncée.

Les sociopathes, les psychopathes, les narcissiques et autres types de personnalités déviantes utilisent de nombreuses tactiques linguistiques pour prendre le dessus dans toute négociation qu'ils engagent avec leurs victimes. Ils tenteront de confondre, de désorienter ou de frustrer leurs cibles afin d'exercer un contrôle sur elles - une des tactiques utilisées est la manipulation du langage - il pourrait donc être utile de revoir les choix de mots et les cadres rhétoriques typiques de certains de ces personnalités manipulatrices de notre discussion plus tôt ; nous nous concentrerons également sur la manière dont ces tactiques peuvent s'appliquer dans des situations réelles impliquant des victimes, tandis que nous discuterons des stratégies de résolution possibles lorsque nous rencontrons une personne similaire qui utilise la manipulation du langage contre une autre victime - nous nous concentrerons sur la discussion de ce à quoi cela pourrait ressembler ; nous discuterons généralement de l'efficacité de ces tactiques contre nous, toutes les parties impliquées ;
Les techniques de communication souvent utilisées dans les relations interpersonnelles peuvent également s'appliquer aux situations professionnelles.

Commencez ici pour comprendre certaines des expressions clés employées par les sociopathes – ceux qui ont des personnalités émotionnellement détachées, capables de poursuivre sans passion leurs intérêts personnels au détriment des autres, accusant souvent leurs adversaires de réagir de manière excessive – lorsqu'ils discutent de situations avec eux. Les sociopathes et les psychopathes utilisent souvent des expressions comme celle-ci pour détourner l'attention de tout problème ou situation et faire porter le fardeau sur la victime elle-même, les amenant à penser que ce qui était gênant n'était pas vraiment un si gros problème en premier lieu. . Les sociopathes utilisent fréquemment cette tactique comme moyen efficace pour mettre fin rapidement aux conversations et invalider les sentiments de leurs cibles. Une autre forme d'invalidation consiste à dire à la victime qu'elle est ridicule ; une autre forme de rejet avec un jugement plus implicite. Non seulement vous avez tort ou vous réagissez de manière excessive ; vous agissez également de manière illogique : on peut dire beaucoup de choses en quelques mots !

Les psychopathes emploient des tactiques similaires, avec de légères modifications. Les psychopathes pourraient vous accuser de « suranalyser », une stratégie efficace utilisée pour déstabiliser rapidement les situations. Les psychotiques tentent souvent de confondre leurs cibles en suggérant qu'elles pourraient devenir folles ou perdre leur équilibre. Lorsque vous répondez à ces tentatives, ils le fermeront simplement avec une accusation de suranalyse – tout cela conçu pour vous faire vous demander si vos hypothèses étaient effectivement correctes sur tout. Les psychotiques peuvent se retirer, vous accusant de créer un « drame ». Encore une fois, cette tactique sert à renverser la situation. Même lorsque vos sentiments d'injustice sont justifiés, ils les recadreront comme quelque chose de déconnecté de la réalité et tenteront de le discréditer dans le cadre de l'argumentation. Les psychotiques sont des experts en gaslighting – une technique de plus en plus répandue. Les deux techniques précédentes abordent ce problème ; mais avec un éclairage à fond, le psychopathe prétendra qu'il n'a jamais dit ce que vous savez qu'il a dit ; étant donné que les psychopathes sont capables d'adopter des comportements complexes, ils pourraient même y parvenir avec plus de succès qu'aucun d'entre nous ne le souhaiterait !
Se tromper subtilement et tromper les autres en leur faisant croire à leurs fausses déclarations suffit souvent à envoyer des ondes de choc aux victimes, les incitant à douter de leurs propres sens et peut-être même de leur santé mentale.

Les narcissiques utiliseront des expressions telles que « Je n'ai jamais ressenti cela auparavant » pour exagérer les liens entre eux et leurs victimes, tout en les utilisant pour établir un contrôle futur et une attention codépendante de leur part. Cette tactique permet non seulement à la victime de se sentir bien dans sa peau, mais constitue simplement une étape vers davantage de contrôle et de codépendance dans les relations futures. Les narcissiques projettent souvent leurs faiblesses sur leurs proches et utilisent cette tactique lorsque les choses ne se passent pas comme ils le souhaitent. Dans ce cas, cela peut signifier accuser leur partenaire d'être paranoïaque ou de contrôler. Lorsque les choses ne se passent pas comme prévu, ils utilisent ces accusations contre leur partenaire comme levier contre eux – un exemple de projection. Les narcissiques ont tendance à être eux-mêmes contrôlants et paranoïaques ; en projetant ces qualités sur les autres, ils peuvent se sentir mieux tout en déstabilisant le partenaire. Une autre tactique peut consister à suggérer que ce manipulateur n'a jamais rencontré ce problème avec quelqu'un d'autre ; cela aide à recadrer afin que vous seul soyez responsable.

Dans chacun des exemples présentés ci-dessus, le recadrage rhétorique peut également incorporer un langage qui sert à pousser votre argument dans une direction ou une autre – des mots tels que ridicule, paranoïaque et drame peuvent avoir plus de poids que vous ne le pensez. Intellectuellement, vous savez peut-être que c'est faux, mais il est difficile de lutter contre le fait d'être accusé de créer un drame alors qu'en réalité vous vous sentez bouleversé. L'extension de ces techniques à d'autres scénarios devrait s'avérer efficace. Au travail, tout collègue ou manager ayant des plaintes légitimes contre un employé présentant l'un de ces troubles de la personnalité pourrait facilement voir ses plaintes formulées comme étant paranoïaques ou de microgestion, ou comme "Je fais ce travail depuis des années sans entendre ces plaintes auparavant", laissant ainsi entendre que leurs plaintes elles-mêmes pourraient être le problème.

Ce sont des exemples typiques de la manière dont les sociopathes, les psychopathes et les narcissiques utilisent le langage pour manipuler. Bien que les mots individuels puissent différer selon la personne qui parle.
Dans n'importe quelle situation donnée, ces exemples révèlent comment des individus puissants utilisent des stratégies basées sur le langage pour obtenir un effet de levier dans diverses situations.
La communication est un outil
Comme tout outil, la communication peut être utilisée à différentes fins. Un marteau a une utilisation principale : enfoncer des clous dans les murs ; son extrémité griffe remplit une fonction supplémentaire : retirer les clous. Ces deux fonctions des outils vont de pair, les projets de construction étant souvent l'objectif principal pour lequel ils sont destinés. Un marteau peut également être utilisé de manière destructrice - briser des vitres ou être brandi contre la tête de quelqu'un comme arme sont toutes des options possibles - bien que ce ne soit pas ce qui était prévu à l'origine, mais sa fonction a simplement changé en fonction de celui qui l'utilise.

Certains peuvent se demander quand la communication se transforme en manipulation, comme si la communication existait sur un spectre. Ce n'est tout simplement pas ainsi que fonctionne la communication ! La communication ne se transforme pas automatiquement en manipulation lorsqu'on va trop loin dans une direction - elle sert plutôt d'outil qui tente d'influencer. Toute communication efficace, en particulier les dialogues formels, repose sur des outils rhétoriques. Peu importe le nombre ou les personnes que vous employez pour atteindre les objectifs de communication que vous vous êtes fixés, leur utilisation ne vous mettra pas sur la voie d'être perçu comme des manipulateurs. Une communication efficace à des fins positives ou altruistes est précisément cela : efficace. Les Grecs l'ont compris, considérant l'argumentation efficace comme un indicateur de vérité. Si un vendeur ou un médecin respecte vos souhaits et agit en tenant compte de ceux-ci, leurs arguments ne constitueront pas une manipulation. Même s'ils vous convainquent de subir une intervention chirurgicale qui pourrait vous sauver la vie malgré vos craintes concernant la chirurgie, à condition que leurs arguments en faveur de cette opération soient présentés honnêtement.

Alors, si la manipulation ne dépend pas des degrés, quand la communication se transforme-t-elle en manipulation ? La réponse réside dans la motivation – comparable à l'exemple d'un marteau : une fois utilisé avec une autre intention en tête, il devient un outil ou une arme offensive. La communication fonctionne de la même manière. La manipulation ne se produit pas à partir d'un certain seuil de techniques utilisées ou d'efficacité de leur utilisation ; la manipulation se produit plutôt lorsqu'elle est utilisée injustement pour tromper ou promouvoir un programme qui compromet sa cible de communication. Tout comme la communication peut être à la fois efficace et inefficace, la manipulation peut aussi l'être. Certaines personnes sont tout simplement inefficaces dans ce domaine, tandis que certains publics sont devenus aptes à le reconnaître. Si quelqu'un vous approche dans la rue pour tenter de vous manipuler et qu'il ne parvient pas à vous convaincre du contraire, évitez-le simplement en vous éloignant ; ça veut dire qu'ils n'essayaient pas ? Non! Ce à quoi l'escroc s'adonnait n'était pas une communication simple ou une persuasion honnête - il tentait plutôt de manipuler mais échouait lamentablement. Parfois, l'utilisation de techniques identiques de persuasion ou de manipulation ne nécessite de modifier qu'une seule variable : la motivation du locuteur. Dans d'autres cas, les techniques elles-mêmes peuvent être intrinsèquement manipulatrices ; comme ceux dont nous avons parlé dans la section précédente. Toute forme de tromperie ou de manipulation est intrinsèquement manipulatrice. Même si vos intentions étaient bonnes, même avec des tactiques justes et efficaces, vous vous livreriez toujours à une manipulation à un certain niveau. Parfois, vous pourriez avoir en tête une forme de résultat positif ; cependant, votre volonté de mentir révèle une arrière-pensée. La volonté d'induire en erreur est en soi une arrière-pensée. Cela peut devenir complexe, alors restons simples : lorsque vos motivations et vos tactiques sont positives et équitables, nous pouvons classer votre communication comme de la persuasion. Chaque fois que votre désir est de vous faire du mal ou de vous dépasser au-dessus de celui de votre cible, de vous induire en erreur ou de jouer de manière déloyale avec les communications, ou de jouer de manière déloyale avec les communications, cela atteint un seuil pouvant être défini comme une manipulation.

Avant de discuter du fonctionnement de la psychologie noire et de ses méthodes contre vous, il est essentiel que nous comprenions exactement ce qu'implique cette forme de psychologie. La psychologie, ou la compréhension du fonctionnement de l'esprit humain, joue un rôle essentiel dans la vie quotidienne - depuis la publicité et la finance, le crime et la religion, jusqu'à la haine de l'amour ; démontrant ainsi pourquoi la compréhension de ses principes détient un tel pouvoir sur l'influence humaine.

La psychologie peut être une entreprise ardue, ce qui explique pourquoi la plupart des gens ne possèdent pas cette compétence. Il n'est pas nécessaire d'apprendre tous les différents principes — il suffit de partir de ces leçons pour avoir une base solide sur laquelle s'appuyer. Il est essentiel de lire les gens avec précision, de comprendre ce qui les motive et leurs réactions de manière inattendue. Même dans ce cas, suivre des cours et lire d'innombrables livres peut être nécessaire pour acquérir une compréhension complète - en fonction de l'étendue de votre compréhension.

Alors pourquoi comprendre la psychologie et la psychologie humaine est-il si essentiel ? Parce que ceux qui en savent plus peuvent utiliser ce pouvoir contre vous.

Comment la psychologie noire est-elle utilisée aujourd'hui ?

Alors que certains peuvent utiliser des tactiques de psychologie noire dans le but de nuire à leur victime, d'autres peuvent utiliser ces stratégies sans manipuler qui que ce soit de manière négative. Certaines de ces stratégies ont été popularisées pour la première fois pendant la Première Guerre mondiale.
Sans le savoir ou intentionnellement, notre boîte à outils s'est élargie par divers moyens tels que :

*En tant qu'enfant, vous avez probablement observé le comportement des adultes, en particulier de vos proches.

* En tant qu'adolescent, votre esprit s'est élargi en termes de compréhension des comportements qui vous entourent.

* Vous avez pu observer d'autres personnes utiliser puis appliquer avec succès des tactiques spécifiques.

* Au début, votre utilisation de tactiques aurait pu être accidentelle ; mais dès qu'ils commenceraient à travailler pour atteindre les objectifs souhaités, ils feraient partie de votre stratégie intentionnelle.

* Les politiciens, les orateurs publics et les vendeurs peuvent avoir été formés à ces tactiques afin d'atteindre les objectifs souhaités.

Tactiques de psychologie sombre utilisées quotidiennement

* Inondation d'amour : L'inondation d'amour fait référence à toute forme d'incitation des personnes à se conformer à une demande que vous souhaitez. Par exemple, si vous avez besoin de l'aide de quelqu'un pour déplacer certains objets dans votre maison, une inondation d'amour pourrait lui donner le sentiment d'être utile, augmentant ainsi les chances qu'il se conforme. Les manipulateurs sombres peuvent utiliser l'inondation d'amour de cette manière afin de se sentir attachés ou de prendre des mesures qu'ils ne feraient pas normalement.

* Mentir : Mentir peut faire référence au fait de fournir à votre victime des versions fausses ou embellies des événements dans le but d'obtenir ce que vous désirez. Mentir peut impliquer de ne dire qu'une partie de la vérité ou de faire des affirmations exagérées afin d'obtenir les résultats souhaités.

* Déni d'amour : une forme de manipulation qui peut laisser la victime se sentir perdue et abandonnée par son manipulateur, consiste à retenir l'affection ou l'amour jusqu'à ce que vous puissiez obtenir d'elle les résultats souhaités.

* Retrait : lorsque cela se produit, la victime reçoit soit le traitement silencieux, soit elle est évitée jusqu'à ce qu'elle réponde aux besoins d'une autre personne.

* Limiter les choix : un manipulateur peut accorder à sa victime l'accès à certains choix afin de la distraire de faire ceux qu'elle ne veut pas qu'elle fasse.

* Manipulation sémantique : dans cette tactique, un manipulateur utilise des mots avec des définitions communément comprises pour confondre sa victime au cours d'une conversation, puis révéler plus tard qu'il voulait dire quelque chose de différent lorsqu'il a utilisé ce mot ; souvent, cela modifie toute sa définition et peut faire progresser la conversation souhaitée même si sa victime a pu être trompée.

* Psychologie inversée : La psychologie inversée se produit lorsque vous manipulez quelqu'un pour qu'il effectue une action uniquement pour qu'il agisse dans l'autre sens, sachant très bien que c'était ce que voulait le manipulateur depuis le début.

Qui emploiera intentionnellement des tactiques sombres ?

De nombreuses personnes différentes peuvent utiliser des tactiques de psychologie noire contre vous, qui pourraient inclure des tactiques comme celles trouvées ici. Comme ces personnes peuvent tenter d'utiliser ces sombres tactiques contre vous, il est crucial que vous appreniez à reconnaître leurs approches et à vous en éloigner. Les sources potentielles comprennent :

Narcissiques : Les individus qui possèdent un sens exagéré de leur propre valeur veulent souvent que les autres croient également qu'ils sont supérieurs. Afin de satisfaire ce désir, ils peuvent utiliser des techniques de persuasion et de psychologie noire afin d'atteindre ce qu'ils considèrent comme une admiration vénérable de la part de tous ceux avec qui ils entrent en contact.
* Sociopathes : les sociopathes possèdent un arsenal impressionnant de traits charmants, intelligents et persuasifs ; mais n'agissez de cette façon que lorsque cela est nécessaire pour obtenir ce qu'ils veulent. L'associativisme signifie qu'ils n'ont aucune émotion pour se sentir coupable d'avoir utilisé des techniques de psychologie sombre à des fins personnelles - y compris en créant des relations superficielles si nécessaire pour ce faire.

* Politiciens : les politiciens peuvent utiliser la psychologie sombre pour inciter les électeurs à les soutenir en les convainquant que leur point de vue est le bon.

* Vendeurs : tous les vendeurs n'utilisent pas de tactiques sournoises contre vous ; cependant, ceux qui se consacrent à atteindre leurs chiffres de vente pourraient utiliser la persuasion obscure afin de manipuler les gens et d'augmenter leurs profits.

* Leaders : les techniques de psychologie sombre sont utilisées depuis longtemps par les dirigeants afin de manipuler les membres de l'équipe, les subordonnés et les citoyens pour qu'ils se conforment à leur volonté.

* Personnes égoïstes : les personnes égoïstes peuvent être définies comme tout individu qui donne la priorité à ses propres besoins avant ceux des autres, sans se soucier de savoir si cela aura un impact sur son entourage de quelque manière que ce soit. Ils ne s'inquiéteront pas d'accorder aux autres du crédit là où il est dû, afin qu'ils puissent eux-mêmes en bénéficier ; tant que cette situation joue en leur faveur, peu importe qui perd, mais si quelqu'un finit par être affecté négativement, ce serait probablement lui plutôt que quelqu'un d'autre.

Cette liste remplit deux fonctions importantes. Premièrement, cela vous aidera à prendre conscience de ceux qui pourraient tenter de vous manipuler pour que vous fassiez des choses que vous ne voulez pas faire, tout en vous aidant à vous réaliser en gardant un œil sur les personnes qui cherchent à obtenir quelque chose de vous. L'un des principaux objectifs de ce livre est de vous équiper contre la psychologie noire et de vous aider à vous protéger.

La manipulation mentale est un terme souvent entendu sur les réseaux sociaux et les plateformes de communication grand public, souvent en relation avec de grands événements publics, des campagnes politiques ou des stratégies publicitaires. La plupart des individus comprennent ce à quoi fait référence la « manipulation mentale », mais peuvent ne pas avoir une connaissance approfondie de sa définition et de sa portée.

La manipulation mentale consiste à façonner et à manipuler les pensées d'une autre personne pour l'influencer à faire ce que vous voulez qu'elle fasse. Un manipulateur influence les autres par des moyens trompeurs ou contraires à l'éthique.

La manipulation implique généralement un certain degré de force sur ses cibles ; c'est-à-dire que les manipulateurs tenteront de contraindre leurs cibles à faire ce qu'elles souhaitent malgré l'opposition des cibles elles-mêmes.

Maintenant, quand je parle de lavage de cerveau comme dans les films, je ne parle pas d'utiliser des techniques de kidnapping et de lavage de cerveau comme cela est souvent décrit. Ce dont je parle, ce sont des techniques et des stratégies subtiles utilisées pour convaincre les autres d'une chose sans qu'ils se rendent compte qu'ils sont contrôlés.

En fait, les maîtres manipulateurs donnent l'impression que les gens agissent de leur propre chef plutôt que du fait d'une provocation extérieure. Néanmoins, la manipulation implique une certaine force - par exemple, les chaînes de télévision vous obligent à regarder leurs programmes et leurs publicités afin de vous encourager à acheter des produits ou des services de sponsors.

Cependant, dans ce cas, la coercition peut facilement être évitée :

Changez simplement de chaîne. Cependant, la programmation et la publicité sont conçues pour que vous ne le vouliez pas.

D'autres formes de manipulation peuvent être beaucoup plus directes. Les partis politiques et les candidats font souvent leur promotion avec des appels à l'action tels que « votez pour le meilleur candidat » et « votez pour un tel si vous appréciez son avenir ». De telles tentatives manifestes de persuasion sont fréquemment observées dans les publicités des campagnes politiques.

C'est pourquoi la première partie de ce livre se concentre sur la compréhension et la reconnaissance des formes courantes de manipulation. Je ne fais pas référence à une sorte de cabale secrète essayant de contrôler les esprits humains sur toute la planète ; au contraire, des personnes formées peuvent tenter d'influencer vos opinions pour vous faire soutenir leur programme.

Une fois que vous aurez compris leurs techniques, non seulement vous pourrez vous protéger, vous et vos proches, des influences extérieures, mais vous pourrez également promouvoir votre programme avec succès. Bien que je n'encourage personne à aller sur place et à influencer les personnes avec lesquelles il entre en contact directement en utilisant ces techniques ; utilisez plutôt ces tactiques lorsque cela est nécessaire pour vous donner l'avantage dont vous avez besoin dans la vie.

Se détendre; nous sommes sur le point de nous lancer dans une aventure extraordinaire. Alors asseyez-vous et faites le voyage.

Chapitre 3 : Pourquoi et comment la psychologie sombre est-elle utilisée aujourd'hui ?

Bien que de nombreuses personnes utilisent des tactiques de psychologie noire dans un but malveillant, vous pouvez également les utiliser sans nuire à autrui. Certaines de ces techniques ont été ajoutées inconsciemment ou intentionnellement à notre boîte à outils en raison de diverses circonstances, notamment :

En tant qu'enfant, vous observeriez le comportement des adultes autour de vous et la manière dont ils interagissaient.

* En tant qu'adolescent, votre esprit et votre capacité à comprendre les comportements qui vous entourent se sont considérablement aiguisés.

* Vous avez pu observer d'autres utiliser et mettre en œuvre avec succès des tactiques spécifiques.

* Au début, l'utilisation de certaines tactiques n'était peut-être pas intentionnelle. Mais une fois qu'ils ont prouvé leur utilité pour obtenir ce que vous désirez, ils peuvent devenir des outils intentionnels de votre métier.

* Les politiciens, les orateurs ou les vendeurs apprennent souvent des techniques comme celles-ci afin d'atteindre les objectifs souhaités.

Tactiques de psychologie sombre qui peuvent être utilisées régulièrement

* Inondation d'amour : L'inondation d'amour consiste à utiliser la flatterie pour persuader les autres de se conformer à votre demande. Par exemple, si vous souhaitez que quelqu'un d'autre vous aide à déplacer des objets dans votre maison, utiliser l'inondation d'amour pourrait augmenter ses chances de le faire et faciliter votre travail. Un manipulateur sombre pourrait utiliser l'inondation d'amour de cette manière afin d'obtenir un effet de levier contre sa cible.
Faites-les se sentir proches, puis incitez-les à faire des choses qu'ils s'abstiendraient autrement de faire.

* Mentir : mentir, c'est fournir à quelqu'un d'autre des informations fausses ou embellies afin d'accomplir ce que vous voulez, comme dire une vérité partielle ou des exagérations dans le but d'obtenir ce qu'il voulait.

* Déni d'amour : le déni d'amour peut être dévastateur pour ses victimes car il les fait se sentir abandonnées par le manipulateur. Essentiellement, cela implique de retenir l'affection et l'amour jusqu'à ce que vous ayez réalisé ce que vous désiriez avec eux.

* Retrait : lorsque cette tactique est appliquée à quelqu'un, celui-ci peut recevoir un traitement silencieux ou être évité jusqu'à ce que ses besoins soient satisfaits par d'autres.

* Restreindre les choix : les manipulateurs peuvent proposer à leur victime certains choix afin de la distraire de ceux qu'elle n'approuve pas.

* Manipulation sémantique : cette tactique utilise des mots dont les définitions sont largement acceptées par les parties à la conversation ; puis informez plus tard la victime qu'elle voulait dire quelque chose de différent en utilisant ce mot dans la conversation. Changer sa définition déplace souvent le dialogue dans le sens souhaité par le manipulateur, même s'il trompe quelqu'un en lui faisant céder à sa volonté.

* Psychologie inversée : lorsqu'on dit à quelqu'un d'agir d'une certaine manière, dans l'espoir qu'il réagira réellement différemment, seulement pour que tout se passe différemment de ce que voulait le manipulateur. Essentiellement, la psychologie inversée fonctionne exactement comme son nom l'indique : amener les gens à se comporter de la manière souhaitée par le manipulateur.

Qui va utiliser délibérément des tactiques de l'ombre ?

De nombreuses personnes peuvent faire du chantage contre vous et peuvent apparaître dans divers aspects de votre vie, rendant leur présence extrêmement dangereuse.
Il est impératif d'apprendre à éviter les tactiques de psychologie noire, et voici quelques exemples d'individus utilisant de telles stratégies :

*Narcissiques : Ces individus ont souvent une vision exagérée d'eux-mêmes et ont besoin de convaincre les autres de cette réalité. Afin de satisfaire leur désir d'être adorés et vénérés par tous ceux qu'ils rencontrent, ces narcissiques recourent à des techniques de persuasion et de psychologie noire pour atteindre cet objectif final.

* Sociopathes : Les sociopathes ont un air de charme, d'intelligence et de persuasion - mais seulement pour obtenir ce qu'ils veulent. Comme ils n'ont aucune émotion ni aucun remords pour ce qu'ils font, utiliser des techniques de psychologie sombre – y compris des relations superficielles – pour réaliser ce qu'ils désirent ne pose pas de problème pour eux.

* Politiciens : en utilisant la psychologie sombre, les politiciens pourraient convaincre les électeurs de voter pour eux en les convainquant de la supériorité de leur point de vue.

* Vendeurs : tous les vendeurs n'utilisent pas de tactiques sournoises contre vous, mais ceux qui se concentrent sur leurs chiffres de vente pourraient utiliser des techniques de persuasion afin de manipuler les autres et d'obtenir des résultats plus rapidement.

* Leaders : les techniques de psychologie sombre sont utilisées depuis longtemps par les dirigeants afin d'influencer les membres de l'équipe, les subordonnés et les citoyens à faire ce qu'ils désirent.

* Personnes égoïstes : les personnes égoïstes incluent toute personne qui fait passer ses propres besoins avant ceux des autres. Ces personnes ne se soucient généralement pas de savoir qui profite d'une situation, à condition que cela profite principalement à eux-mêmes - si cela signifie que les autres reçoivent moins, c'est bien - mais chaque fois qu'une partie perd, ce sera probablement eux et non l'autre.
Cette liste remplit deux fonctions. Premièrement, cela vous aidera à être plus conscient de ceux qui tentent de vous manipuler pour faire des choses que vous ne voulez pas faire ; deuxièmement, cela peut aider à la réalisation de soi. L'un des principaux objectifs de ce livre est que vous reconnaissiez ceux qui recherchent quelque chose de vous sans considérer les répercussions négatives ; de cette façon, vous pouvez vous protéger contre la psychologie noire.

Qui contrôle nos vies Il est intéressant d'observer la longue histoire de manipulation au sein de la société. En savoir plus sur la persuasion vous permettra d'être mieux armé pour y faire face.

Ce chapitre nous donnera un bref aperçu de la manipulation telle qu'elle s'applique à la vie et au commerce. En comprenant où la manipulation peut exister et qui tente de vous manipuler, nous aurons une idée de sa prévalence dans notre vie quotidienne et identifierons ceux qui tentent de nous manipuler. Tous ceux qui manipulent ne sont pas nécessairement malveillants : parfois les gens peuvent agir contrairement à ce qu'ils sont vraiment ou même sans s'en rendre compte eux-mêmes ! Les entreprises commerciales utilisent des techniques de persuasion afin d'encourager les clients à acheter leurs produits et services – reconnaître de telles tactiques nous aidera à les gérer avec plus de succès !

En tant qu'individus, nous aimons croire que nous faisons des choix responsables dans la vie. Malheureusement, nous n'avons pas toujours le contrôle total - d'autant plus que les enfants sont influencés par leurs parents et n'ont pas leur mot à dire sur notre éducation. Une fois entrés dans le système éducatif, nous sommes encore plus manipulés. Les enseignants fournissent des enseignements sur les normes sociales et les attentes à notre égard dans la société ; Plus tard, en tant qu'adultes, nous pourrions même devenir susceptibles d'être manipulés par des politiciens qui espèrent gagner des votes pour leurs causes. Beaucoup sont persuadés de voter pour certains partis en fonction de leurs promesses pour l'avenir, même s'ils ne soutiennent pas toutes leurs politiques. Cela donne aux politiciens un pouvoir sur nos vies : sommes-nous vraiment aux commandes ou sommes-nous simplement persuadés ?

Plus loin dans ce livre, nous examinerons diverses tactiques de manipulation, secrètes et manifestes. Avant tout, vous devez reconnaître quand vous êtes manipulé afin de pouvoir y contrer ; des experts ont donné leur point de vue sur ce type de comportement parmi nous.

Reconnaître l'art de la manipulation

À quoi faut-il se méfier dans notre vie quotidienne ?

Langage persuasif Ses images racontent mille histoires ; les mots ont une influence encore plus forte pour nous inspirer, parfois au point d'être manipulés. Avez-vous déjà été inspiré par un orateur dont le discours dramatique vous motive à agir ? Et les mots nous influencent même lorsqu'ils sont complètement perdus dans un grand livre ; les mots ont un pouvoir qui nous oblige à croire quelque chose même lorsque nos sens nous disent le contraire ! La communication peut être utilisée efficacement comme une force puissante pour convaincre les gens de faire des choses qu'ils ne feraient pas autrement.

* Les annonceurs et les vendeurs utilisent un langage pour nous persuader que leurs produits correspondent exactement à ce dont nous avons besoin, par exemple en utilisant des mots tels que :

Abordable; Pratique; Agréable; Gain de temps et satisfaction garantie.

Notez à quel point tous ces mots nous font croire qu'ils ont confiance en leur produit ou service.

Les politiciens emploient fréquemment des termes tels que :

"Nous" - pour vous inviter dans leur monde.

Faites-vous partie de notre équipe

Ces stratégies de communication visent à nous faire sentir inclus et donc importants.

Les intimidateurs utilisent à la fois des mots et un comportement agressif pour réaliser leurs propres objectifs personnels.

Les prédateurs criminels tels que les psychopathes, les sociopathes et les narcissiques utilisent un langage persuasif comme moyen de contrôler un autre individu. Il existe six théories sur la manipulation psychologique ; 1, la théorie des biais cognitifs a été examinée ici comme une forme potentielle.

Il existe divers processus et théories psychologiques concernant la persuasion qui sont largement reconnus, l'une étant le modèle de réponse cognitive d'Anthony Greenwald de 1968, qui fait encore ses preuves aujourd'hui pour déterminer les facteurs de persuasion et est largement utilisé dans la publicité.

Greenwald propose que ce qui détermine le succès de la persuasion ne réside pas dans les mots mais plutôt dans les sentiments ; les émotions joueront un rôle plus important que les mots dans la facilité avec laquelle nous sommes persuadés.

Les pensées internes comprendront des aspects positifs et négatifs, selon la personnalité de l'individu. Il ne s'agit pas d'un processus d'apprentissage mais plutôt de savoir si quelqu'un perçoit déjà un message avec des cognitions (cognitions) favorables ou défavorables.

Les persuadeurs doivent s'appuyer sur leur expertise pour répondre efficacement aux contre-arguments et empêcher leur cible de disposer de suffisamment de temps pour développer l'un d'entre eux. En outre, le persuasif devrait encourager les arguments positifs à émerger plus facilement afin d'augmenter son taux de réussite – cela augmente « l'effet de persuasion ».

La persuasion devient plus difficile si la cible a été prévenue à l'avance de ce que vous avez l'intention de dire ; cela leur permet de développer des contre-arguments si votre « message » va à l'encontre de ce qu'ils croient actuellement. Les recherches menées par Richard E. Petty en 1977 ont prouvé ce point : elles ont montré que les étudiants informés d'un événement étaient moins susceptibles d'être convaincus que ceux qui n'étaient pas prévenus.
2 Réciprocité
Une théorie bien documentée pour aider à expliquer notre susceptibilité à la persuasion réside dans la règle de réciprocité, basée sur les conventions sociales. Si quelqu'un vous rend service ou fait quelque chose de bien pour vous, vous êtes plus

susceptible de vous sentir obligé de lui rendre la pareille en lui rendant la pareille d'une manière ou d'une autre.

Inconsciemment, la réciprocité peut également entrer en jeu. Sans vous en rendre compte, vous pouvez accepter une prestation ou des faveurs que quelqu'un vous demande parce qu'à un moment donné, il a fait quelque chose pour vous et se sent obligé ; même si leur demande vous ferait normalement dire non.

Les entreprises s'appuient souvent sur cette tactique lorsqu'elles tentent d'augmenter leurs ventes. En proposant des échantillons gratuits ou des essais à durée limitée, les entreprises espèrent que les clients se sentiront obligés de leur rendre la pareille et d'acheter ou de renouveler un accord.

La réciprocité est un processus psychologique bien établi. Il s'agit d'un comportement adaptatif qui aurait augmenté nos chances de survie dans le passé ; en aidant les autres, vous augmentez les chances qu'un jour ils vous aident. Mais la réciprocité peut aussi avoir ses inconvénients : lorsque quelqu'un nous fait du tort, notre instinct de vengeance peut également nous motiver.

La recherche universitaire soutient fortement la règle de réciprocité. Burger et al (2009) ont mené des recherches qui ont démontré que les participants sont plus susceptibles d'accepter les demandes lorsque le demandeur leur a rendu service dans le passé.

Méthodes de manipulation de l'information 3

La tromperie est l'un des principaux outils de la boîte à outils de tout manipulateur. Il s'agit de fournir des informations incomplètes ou trompeuses à sa victime, afin de déséquilibrer sa façon de penser et de la rendre vulnérable. La manipulation comprend également l'utilisation intentionnelle du langage corporel comme moyen de persuasion et de manipulateur.
La théorie de McCornack énumère quatre maximes qui définissent les déclarations véridiques ; tout écart par rapport à ces principes rendra le message intentionnellement trompeur. Ces maximes comprennent :

Quantité
La quantité fait référence à la « quantité » d'informations présentées. La plupart d'entre nous s'efforcent de présenter juste assez de données pour que le destinataire comprenne pleinement notre message sans en fournir trop ou pas assez ; trop peu pourrait prêter à confusion ; trop de choses pourraient nous submerger. Un manipulateur, cependant, jouerait avec cette quantité en omettant certains éléments

qu'il considère comme non pertinents si cela risque de nuire à son argument et cette pratique est connue sous le nom de « mentir par omission ».

La qualité fait référence à l'exactitude des informations fournies. Parvenir à une véritable communication est considéré comme de haute qualité ; sinon, les récepteurs entendraient des contrevérités intentionnelles – ou des mensonges purs et simples – destinés à acquérir le pouvoir du manipulateur.

Relation
Nous discutons ici de la « pertinence » des informations par rapport au message. Afin d'éviter une question délicate ou d'obscurcir leurs propres faiblesses, les manipulateurs modifient souvent le sujet avec des sujets trompeurs afin de détourner ou de détourner l'attention de ce qui doit réellement être discuté ; ou en insistant trop sur quelque chose qui leur donnera un plus grand pouvoir sur les auditeurs.

Manière Manière de communiquer un message. Le langage corporel en fait partie intégrante : lors de l'écoute, nous lisons des inflexions et des expressions faciales, qui peuvent être exagérées pour induire en erreur la présentation de leur message, dans le but de souligner leur agenda.
Mentir pour manipuler ou persuader quelqu'un n'a rien de nouveau ; cependant, son pouvoir n'a fait que croître dans l'environnement mondialisé d'aujourd'hui. Les plateformes de communication sur les réseaux sociaux n'impliquent pas toujours un contact direct entre deux individus, ce qui permet aux manipulateurs de déformer les informations ou de fabriquer des mensonges dans de telles formes de correspondance.

Toute manipulation n'est pas nécessairement négative ; parfois, nous avons besoin d'aide pour prendre de bonnes décisions pour nous-mêmes et c'est là que la théorie du Nudge s'avère utile ; son système de renforcement positif repose sur de petits coups de pouce pour le changement.

Les études de Skinner, ou behaviorisme, illustrent à quel point cette théorie peut être utile. En offrant des récompenses sous forme de renforcement positif, le behaviorisme peut inciter les individus à agir conformément à ce que vous souhaitez.

Le coup de pouce peut être vu dans cet exemple de la façon dont les clients ont reçu une impulsion supplémentaire pour acheter le deuxième article le plus cher – le tout pour le bénéfice du restaurateur ! Les clients ont reçu ce coup de pouce supplémentaire.

La théorie du Nudge peut être une stratégie économique extrêmement efficace. Mais son application s'étend bien au-delà de l'économie pour encourager les changements de comportement et façonner les choix personnels – même les normes sociales acceptées peuvent être modifiées grâce à cette technique.

Le Nudging était une stratégie si efficace que le gouvernement britannique a créé une équipe départementale d'analyse comportementale en 2010 afin d'aider à élaborer des politiques, communément connue sous le nom de Nudge Unit.

Bien que le recours aux « nudges » puisse présenter des avantages évidents, le recours à la manipulation psychologique peut violer les libertés civiles d'un individu.

5 stratégies de manipulation sociale
La manipulation psychologique est une forme de manipulation fréquemment utilisée par les politiciens ou les personnes puissantes pour promouvoir leurs propres intérêts. Dans le pire des cas, la manipulation psychologique sert de forme de contrôle social – supprimant l'individualité tout en forçant la population à accepter ce qui lui est donné – même si ses applications positives incluent, par exemple, l'amélioration de la santé et du bien-être.

Quiconque est au pouvoir et utilise la manipulation sociale peut recourir à des techniques de distraction pour détourner l'attention de questions importantes. Ils diraient que leurs propositions sont conçues pour bénéficier non seulement à eux-mêmes, mais aussi à votre famille dans son ensemble et à son avenir ; toute différence par rapport à eux serait considérée comme erronée et égoïste – ce type de persuasion traite les individus presque comme des enfants ; son objectif est de faire croire à chacun que tout ce qui ne va pas est entièrement de sa responsabilité, alors que la seule solution réside dans l'écoute des conseils d'experts qui connaissent mieux.

Une telle stratégie politique consisterait à attirer l'attention sur un problème social tout en en occultant d'autres. Cette tactique vise à provoquer des troubles sociaux et la panique au sein de la population ; en créant un malaise au sein de la société, les gens commenceront à exiger des changements en vue d'une amélioration. Ainsi, pour tenter de cacher ses problèmes en matière de soins de santé, un ministère pourrait réduire son budget consacré à la prévention du crime, ce qui entraînerait une montée en flèche des statistiques sur la criminalité et fournirait des informations destinées à convaincre les citoyens qu'ils savent le mieux comment résoudre les problèmes de criminalité. Les hommes politiques alimentent la propagande en diffusant leurs propres vérités et faits – ceux-ci peuvent être ou non toujours exacts ; parfois, même des informations exagérées, comme des statistiques, peuvent être utilisées à mauvais escient pour obtenir les effets souhaités. La manipulation sociale prend des années avant que les résultats souhaités puissent être obtenus.

La manipulation psychologique fait partie de l'influence sociale, faisant de nous tous, dans une certaine mesure, des marionnettes sociales. La plupart d'entre nous recourent à la manipulation psychologique sans même s'en rendre compte !

Comme l'attend la société, il est de notre responsabilité de nous conformer et de respecter ses normes afin d'éviter tout désordre discordant dans la société. Réfléchissez un instant au gadget ou au produit de rénovation domiciliaire que vous aimeriez le plus acheter : est-ce quelque chose recommandé par un ami, un voisin ou présenté en ligne qui vous fait le convoiter davantage ? La manipulation sociale fonctionne également de cette façon : nous pouvons facilement nous laisser convaincre par les autres lorsque notre garde est baissée ; que cela soit considéré comme bon ou mauvais dépend entièrement du point de vue individuel.

Comme indiqué précédemment, toutes les manipulations sociales ne sont pas mauvaises ; en fait, cela pourrait même avoir des résultats positifs. Même si le terme « manipulation » peut évoquer des images de personnes sans scrupules soumettant les gens à leur volonté, lorsqu'il est utilisé correctement, il peut aider la société dans son ensemble. Un bon exemple de manipulation sociale serait celui des spécialistes de la santé qui nous encouragent à manger plus de fruits et de légumes (les « campagnes 5 par jour ») ou des campagnes pour arrêter de fumer qui ont abouti à une réduction du nombre de fumeurs ainsi qu'à une diminution de l'incidence des maladies liées au tabagisme ; de telles tactiques constituent des formes efficaces de coercition à son meilleur !

6 Éclairage au gaz

Le gaslighting peut être la forme de manipulation la plus cruelle. Il s'agit d'une tentative de jeter le doute sur la santé mentale et l'estime de soi d'une personne en semant le doute en elle - en utilisant souvent des mensonges répétés comme appât jusqu'à ce que vous finissiez par les croire comme des vérités.

Le gaslighting est une forme inhumaine de manipulation dans laquelle une personne amène une autre personne à douter d'elle-même et à perdre toute confiance en elle, conduisant à un effondrement psychologique complet et à l'assujettissement par une présence adverse. Les gaslighters sapent constamment leur cible en la contredisant ou en suggérant qu'ils se trompent toujours, parfois jusqu'à les accuser de mentir eux-mêmes - une action conçue pour réduire leur estime de soi avant de se laisser complètement submerger sous le contrôle dominateur d'étrangers qui prennent le relais en devenant oppresseurs eux-mêmes. Lorsque cela se produit, ils deviennent

soumis à la présence dominatrice de leur oppresseur – qui devient soumis avant de finalement succomber sous l'influence dominatrice de sources extérieures. Les Gaslighters recherchent le pouvoir sur eux en retour et finissent par devenir les victimes de leur maître dominateur.
La manipulation des influenceurs est une forme de violence mentale souvent observée dans les relations personnelles abusives. Un influenceur utilisera diverses techniques pour faire douter sa victime d'elle-même – allant même jusqu'à remettre en question ses souvenirs en niant les événements passés survenus entre lui et lui.

Le gaslighting prend du temps et des efforts pour devenir pleinement efficace. Un manipulateur épuisera sa victime sur une période prolongée, la faisant douter de sa propre santé mentale.

Le Dr George Simon PhD est un psychologue clinicien de l'université du Texas. Dans ses études sur des personnes ayant des personnalités pénibles, en particulier des psychopathes, ses découvertes l'ont amené à conclure que certains types de personnalités étaient très adeptes de la manipulation ; en utilisant des mensonges et un langage agressif, ils ont réussi à semer le doute dans l'esprit de leur victime jusqu'à ce que finalement, celle-ci perde confiance en elle et croie ce que disait le manipulateur, tombant finalement sous son contrôle.

Secrets de psychologie
La plupart des techniques psychologiques servent à la fois aux applications de la psychologie noire et blanche ; leur utilité dépend de l'intention de ceux qui les emploient.

Dans ce chapitre, nous examinerons diverses techniques psychologiques utilisées à des fins illicites.
Sombre persuasion
La persuasion est de loin la technique psychologique la plus fréquemment employée, souvent utilisée dans la psychologie blanche ; nous avons presque tous utilisé la persuasion dans le cadre de cette discipline à un moment ou à un autre ; cependant, seuls quelques-uns ont utilisé la persuasion comme forme efficace de manipulation de la psychologie noire.

Avant d'approfondir la persuasion sombre, considérons d'abord ses composants principaux.

Qu'est-ce que la persuasion ? mes La persuasion est la pratique psychologique consistant à utiliser des arguments persuasifs de manière à motiver, influencer ou modifier les attitudes ou le comportement d'un individu afin d'obtenir les résultats souhaités.

Conseils de persuasion Voici plusieurs stratégies de persuasion essentielles que vous devez maîtriser pour réussir à convaincre :

Des recherches pour obtenir des conseils d'experts

Soyez un leader d'opinion - pour diriger les autres dans leur réflexion et montrer l'exemple.

Soyez confiant, en utilisant des déclarations déclaratives et de l'affirmation de soi :

Réduire le sarcasme autant que possible.

Avoir l'air raisonnable et surveiller les réactions en réponse aux réponses subtiles ; écouter activement et suggérer plutôt que demander ; observer activement ; être émotionnellement intelligent

Tactiques de persuasion
Voici plusieurs tactiques de persuasion basiques mais importantes :

Utilisez le nom de la personne avec qui vous interagissez.

Connectez-vous personnellement et établissez des relations.

Développer des relations et ouvrir des portes à la réciprocité

Utilisez des mots motivants Soyez flexible et adaptatif – adaptez-vous à chaque cible individuellement (pas d'approche globale). Utilisez la technique de mise en miroir et de correspondance de la PNL.

Utilisez l'effet Bandwagon à votre avantage

Créez une certaine incertitude parmi ceux que vous persuadez en créant un sentiment de manque d'attention.

Créer du suspense grâce à des lacunes délibérées (lacunes d'information).

Appliquez la stratégie du « pied dans la porte » : faites une petite demande qui ouvre davantage de portes pour des demandes ultérieures plus importantes.

Souligner la valeur de votre proposition auprès de ceux que vous essayez de persuader est essentiel lorsque vous essayez de les persuader de sa valeur, car chaque personne se demande inconsciemment : « qu'est-ce que cela m'apporte ?

mes L'effet train en marche
L'effet d'entraînement peut être décrit comme l'impact collectif que des groupes de personnes peuvent avoir sur des membres individuels au sein de cette foule ou de ce groupe de personnes.

Vous trouverez ci-dessous quelques caractéristiques clés de l'effet de train :

Mentalité de troupeau : les gens ont tendance à se conformer lorsqu'ils sont persuadés que suivre les autres mènera au succès. Preuve sociale : les gens ont tendance à suivre ce qui semble être la cause la plus populaire.

Dénigrer les preuves sociales négatives (telles que les détritus, l'exploitation forestière, les mauvais comportements sexuels, la consommation excessive d'alcool et le tabagisme) peut en réalité les promouvoir. Par exemple, critiquer une augmentation de l'absentéisme de 15 % à 20 % devrait également renforcer la preuve sociale positive en notant la majorité des employés (80 % et plus) qui n'ont pas manqué le travail et en discutant des quelques pommes gâtées qui restent absentes comme étant négligeables par rapport à l'absentéisme. ce qui devrait être souligné et réduit davantage.

Tromperie
La tromperie peut être définie comme tout acte visant à dissimuler, déformer ou avancer quelque chose qui est faux afin de dissimuler, discréditer ou promouvoir une opinion dans le but de convaincre un autre individu d'agir conformément à des objectifs ou à des attentes prédéfinis.

La tromperie consiste à manipuler les apparences pour donner une représentation inexacte de la réalité.

L'essence de la tromperie réside dans la dissimulation. Les techniques de tromperie courantes comprennent :

La propagande consiste à diffuser de fausses informations sous forme de vérité ou de faits, tandis que le camouflage dissimule la véritable nature des choses ; un exemple pourrait être l'utilisation d'œuvres caritatives comme couverture afin d'infiltrer une zone.

La prétention fait référence à la prise d'un alter ego ; par exemple, faire semblant d'être innocent quand on est coupable, faire semblant d'être malade quand on se sent en parfaite santé, faire semblant d'être triste alors qu'en réalité on célèbre quelque chose d'important, etc.

Mystification - Créez une aura de surnaturel en dissimulant des informations ou en agissant d'une manière qui semble surnaturelle, vous rendant ainsi attrayant pour ceux enclins aux croyances.

Paltering : Les prestidigitateurs, les magiciens et les acteurs emploient souvent cette tactique pour détourner l'attention des gens d'eux-mêmes et vers vous, la détournant en votre faveur afin d'atteindre des objectifs personnels. Cette tactique fonctionne également bien lorsque l'on tente d'obtenir des résultats grâce à des performances publiques telles que des concerts.

Types de tromperie
La tromperie prend deux formes principales.

Les mensonges par commission (dissimulation) sont des formes actives de tromperie. Une personne qui ment par commission trompe directement ou ment directement en modifiant délibérément des faits importants à son avantage.

Simulation ou omission (mensonge par omission) - Les mensonges simulés sont des formes indirectes de tromperie dans lesquelles une personne engagée dans la tromperie ne modifie pas directement les faits matériels ; ils dissimulent plutôt ceux qui auraient modifié la prise de décision de ceux qui sont trompés.

Duperie
La duperie, comme tout acte de tromperie, va plus loin pour obtenir des victimes un gain personnel. La duperie consiste à installer des pièges ou des appâts qui piègent les victimes avant de les exploiter à des fins personnelles ou néfastes.

Endoctrinement
L'endoctrinement fait référence au processus consistant à inculquer des croyances à quelqu'un sans lui donner la possibilité d'une enquête critique indépendante.

Stratégies utilisées pour l'endoctrinement :

Entraînement par cœur - cette pratique consistant à imprimer des informations dans la mémoire des gens par des actions répétées telles que répéter des mantras pendant les prières ou compter les perles de mala pendant la prière est connue sous le nom d'entraînement par cœur.

Les personnes formées à l'affirmation doivent prononcer des mots qui confirment certaines déclarations, créant ainsi l'impression que ces déclarations sont vraies.

Obstruction de la vérité et des faits : cette tactique vise à empêcher ceux qui sont endoctrinés d'accéder aux sources de vérité ou de faits, comme les livres jugés « sataniques ». Des techniques de psychologie de la peur peuvent également être utilisées, par exemple en les avertissant qu'ils feront des cauchemars ou seront visités par des esprits vampires s'ils lisent de tels livres.

Confession - Chacun de nous a un passé plein de péchés. Il se peut que nous ayons fait des choses qui nous font regretter ; une tactique d'endoctrinement consiste à forcer les gens à avouer. Une fois que les gens avouent, leur autorité morale diminue face aux endoctrineurs, les conduisant sur un chemin de soumission vers l'endoctrinement.

Isolement - le principal objectif de l'isolement est de soustraire quelqu'un aux influences qui rendent l'endoctrinement impossible ou plus difficile, en le coupant complètement de sa famille, de la société ou des relations normales. Ainsi, les victimes peuvent être coupées de leur famille, de la société et des relations normales, ce qui les amène à croire tout ce que disent leurs endoctrineurs sans recevoir une autre opinion sur ces affirmations de la part de tiers de confiance. L'isolement sert également de forme d'obstruction lorsque la vérité et les faits ne peuvent pas être évalués objectivement du point de vue de tiers de confiance.

Imposition de culpabilité – L'imposition de culpabilité est similaire à la confession forcée ; cependant, l'imposition de la culpabilité implique d'instiller un sentiment de culpabilité dans l'esprit de la victime par des endoctrineurs qui trouvent des moyens de découvrir tout acte répréhensible et utilisent ensuite cet acte contre elle pour lui infliger de la culpabilité. Tout comme les aveux forcés, le principal objectif de cette tactique est d'imposer la culpabilité.
Les aveux peuvent servir à saper la position morale d'une victime et à la pousser à se soumettre psychologiquement.

Imposition de phobie - La peur psychologique peut être instillée par les techniques d'endoctrinement des endoctrineurs ; les victimes ont de plus en plus de mal à fonctionner en dehors de leur zone d'influence. Exemple d'incitation à la phobie Les compagnies d'assurance utilisent des tactiques de peur envers leurs clients potentiels en exagérant les risques potentiels qui pourraient survenir si le client potentiel choisit de ne pas assurer la vie ou les biens de ses proches, tandis que les gouvernements ont souvent recours à la peur pour faire passer leurs politiques. ordres du jour.

Les rituels ont une marque indélébile sur la psychologie d'une personne, ce qui explique pourquoi tant de traditions, religions, sectes, organisations politiques et groupes civils utilisent les rituels comme élément de leurs pratiques. Des rituels peuvent être accomplis avant les services de prière ou d'enterrement ainsi qu'avant le début de la guerre - ces cérémonies augmentent la susceptibilité à toutes les propositions qui pourraient être avancées par les endoctrineurs.

Dépendance induite - Les manipulateurs emploient souvent cette tactique dans des relations dans lesquelles ils veulent prendre le dessus sur leurs victimes, par exemple des entités impérialistes ou colonialistes qui perpétuent la pauvreté avant de prétendre la sauver de son sort. Ils peuvent offrir une aide conditionnelle ou des subventions contenant des conditions destinées à accroître la dépendance et à rendre les victimes plus sujettes à l'exploitation. Puisque cet appauvrissement délibéré n'aurait pas conduit à une pauvreté aussi extrême ni donné lieu à une aide et des subventions aussi généreuses, cela induit une dépendance. Les partenaires mariés permettent souvent à

un partenaire peu sûr de lui de créer des conditions qui rendent son partenaire dépendant ; un mari peu sûr de lui pourrait la rendre plus dépendante.
Une fois que sa femme perd son emploi, un mari incertain peut plus facilement contrôler et manipuler son épouse au chômage puisqu'il constitue sa principale source d'indépendance financière. Le manque d'autonomie financière la rend vulnérable aux diktats de son mari.

Punition - En créant un système d'incitation et en proposant des tests/examens comme punitions, ceux qui réussissent leur programme d'endoctrinement sont punis en conséquence.

Caractéristiques de l'endoctrinement

Sans surprise, l'endoctrinement imprègne la plupart des aspects de nos vies : il a lieu dans les foyers (par les parents et les enseignants), dans les écoles (par les enseignants), dans la vie publique (par les politiciens et les gouvernements), etc.

Voici quelques attributs clés des outils d'endoctrinement :

Peur, dogmatisme, fondamentalisme, fermeture cognitive et privation perçue comme sources d'endoctrinement
Il peut y avoir diverses sources d'endoctrinement, secrètes ou manifestes ; voici quelques sources généralement manifestes :

Institutions religieuses, écoles et établissements d'enseignement

Guide des parents sur les médias (médias grand public, médias alternatifs et sites de réseaux sociaux).

Les politiciens
Lavage de cerveau des partenaires de mariage Le terme « lavage de cerveau » fait référence au processus consistant à déloger les anciennes croyances existantes de leur système en faveur de nouvelles qui viennent sans que quelqu'un le demande ou les adopte volontairement. Le lavage de cerveau a lieu sans consentement.

Le lavage de cerveau peut prendre plusieurs formes ; parfois c'est subtil et involontaire tandis que d'autres fois violent. Un exemple violent est la conversion forcée lors des croisades et du jihad. Dans de tels cas, les victimes sont conscientes de ce qui se passe, mais l'acceptent comme un mécanisme d'adaptation efficace pour éviter des dommages plus graves, comme la mort.

Le lavage de cerveau violent se produit généralement au sein de sectes militantes ou d'organisations criminelles où les victimes se retrouvent piégées sans issue.

Les victimes potentielles d'un lavage de cerveau violent comprennent :

Prisonniers (en particulier prisonniers de guerre)

Esclaves en captivité
Victimes kidnappées de l'esclavage mises en vente par des ravisseurs
Étrangers illégaux Un lavage de cerveau subtil se produit souvent à l'insu de la victime ; ici, l'agresseur recherche des victimes susceptibles qui peuvent être plus facilement persuadées. De plus, ces victimes vulnérables se retrouvent généralement dans des circonstances désastreuses, donnant lieu à des vides psychologiques en quête d'épanouissement.

Vous trouverez ci-dessous quelques victimes potentielles d'un lavage de cerveau involontaire :

Vivez-vous avec une maladie chronique inconnue ? Si oui, veuillez lire ceci.

Les mineurs qui ont quitté leur domicile pour vivre seuls résident généralement loin.

Les personnes qui ont perdu leur emploi et qui souffrent émotionnellement sont profondément désespérées.

Perdre des êtres chers à la suite d'un divorce ou d'un décès peut être extrêmement douloureux.

Étapes courantes du lavage de cerveau

Voici quelques-unes des étapes que les laveurs de cerveau suivent généralement lorsqu'ils tentent de laver le cerveau de leurs victimes :

1. Isolement
2. Attaque contre la soumission et l'estime de soi
Test de 5 Love Bombing
Les laveurs de cerveau comprennent que les membres de la famille ou de l'entourage proche peuvent rapidement identifier ce qui se passe avec une victime et ainsi la sauver. La première mesure qu'ils prennent pour renverser une victime consiste donc à l'isoler de ses proches, comme sa famille ou ses amis. .

Les chefs de sectes, par exemple, peuvent inculquer aux victimes des opinions négatives de la famille proche et des amis, créant ainsi une division entre eux et leurs proches en raison des tactiques de lavage de cerveau utilisées à leur encontre par des vampires psychiques qui drainent l'énergie et rendent les gens malades chroniques ; la victime peut succomber à de telles tactiques de lavage de cerveau en raison de la maladie et du désespoir – s'isolant finalement de quelqu'un qui aurait pu la sauver complètement du lavage de cerveau.

Attaque sur l'estime de soi Une victime souffrant d'un manque de confiance en soi ou d'une faible estime de soi est vulnérable au lavage de cerveau, et donc un laveur de cerveau cherche à atteindre cet état en attaquant son estime de soi.

Les laveurs de cerveau emploient diverses stratégies pour saper le sentiment d'estime de soi de leur victime, telles que :

Violence verbale et physique - souvent utilisée dans des techniques violentes de lavage de cerveau pour déshumaniser la victime et saper son sentiment de dignité.

Privation de sommeil - Sans un repos adéquat, les gens sont plus vulnérables à la pression psychologique en raison d'une conscience réduite. Sans une pleine conscience, les instructions de lavage de cerveau deviennent plus faciles pour une personne épuisée qui recherche juste un peu de paix et de tranquillité pour pouvoir s'endormir rapidement.

Intimidation-L'intimidation est l'une des nombreuses techniques utilisées par les laveurs de cerveau pour forcer quelqu'un à se soumettre sans sa volonté, par exemple par la menace de punition ou par la punition elle-même.

Embarras - cette stratégie peut être utilisée si une victime potentielle recèle un secret peu recommandable qu'elle préfère rester caché, par exemple en utilisant divers moyens pour obtenir des photographies de nu ou induire l'infidélité conjugale chez ces personnes. Une fois qu'un laveur de cerveau acquiert ces documents, il commence à embarrasser subtilement la victime sans rien divulguer publiquement sur ces documents mais en utilisant des termes généralisés qui indiquent un comportement immoral de la part de sa cible. La victime comprend où mènent ces indices et est donc déterminée à empêcher son laveur de cerveau de divulguer ces contenus embarrassants, lui donnant ainsi l'avantage nécessaire pour laver le cerveau de sa victime. Des exemples de scénarios de lavage de cerveau incluent le fait de forcer les victimes à accomplir des rituels qui portent atteinte à leur propre valeur et à leur estime de soi, les soumettant encore davantage à leur laveur de cerveau. Au fil du

temps, les victimes peuvent développer le syndrome de Stockholm : au lieu de riposter, elles commencent à soutenir leur laveur de cerveau.
Protéger le laveur de cerveau (ce qui, inconsciemment, signifie protéger ses « secrets »)

Les laveurs de cerveau utilisent la création de pénurie, comme le rationnement des produits de première nécessité, et ne les libèrent que lorsqu'un individu agit sous leurs ordres, afin de subjuguer les victimes. Le lavage de cerveau vise à amener les victimes sous contrôle total afin qu'elles deviennent complètement soumises.

Voici quelques tactiques utilisées pour asservir :

Abus extrême contre nous contre eux
Love bombing Abus extrêmeachtig Une victime est soumise à des abus extrêmes ; la violence émotionnelle et psychologique est souvent utilisée, la violence physique n'étant utilisée qu'à des fins de lavage de cerveau violent et non par des techniques subtiles de lavage de cerveau.

Nous contre eux
Une victime est obligée de choisir entre son laveur de cerveau et la société dans son ensemble. Il n'y a aucune chance de s'échapper pour cette victime.

Les sujets soumis à un lavage de cerveau présentent des victimes qui nourrissent encore des pensées à propos d'« elles », du monde extérieur. Toute tentative des victimes d'envisager de rester avec « nous », les sujets soumis au lavage de cerveau, conduira à de graves abus jusqu'à ce qu'elles décident de se joindre à leur lavage de cerveau et de les abandonner « eux ».

Test ou évaluation,
Des tests permettent de vérifier si la victime a fait son choix et ne souhaite plus les rejoindre, tout en testant son niveau d'obéissance.

Sous contrôle secret, les victimes peuvent être relâchées chez « eux » (la population générale) à condition qu'elles reviennent à une certaine date et surveillées secrètement pour voir si elles choisissent de revenir chez « nous » (un groupe soumis à un lavage de cerveau).

Si la victime ne veut pas revenir, elle est kidnappée et ramenée dans notre giron — et le cercle vicieux recommence.

Dans le cas où la victime revient volontairement, nous passons à la deuxième étape, connue sous le nom de love bombing.

La plupart des victimes trouvent le retour à la société trop difficile et préfèrent donc rentrer chez elles plutôt que de reconstruire ce qui a été perdu.

Bombardement d'amour Une fois que les tests démontrent qu'une victime a subi un lavage de cerveau réussi, des techniques de bombardement d'amour peuvent être utilisées afin de la galvaniser à se joindre au groupe.

Le bombardement amoureux peut impliquer des éloges, une promotion par ordre de sujets, des cadeaux reçus, etc.
Séduction sombre La « séduction sombre » fait référence à l'utilisation d'outils psychologiques conçus pour utiliser de sombres tactiques de manipulation contre des individus afin de les inciter à établir des relations qui satisfont l'intérêt personnel d'une seule partie et ne rapportent aucun bénéfice tangible pour l'une ou l'autre des parties impliquées.

Un séducteur sans scrupules joue sur les désirs de sa victime afin de satisfaire son propre agenda lubrique.

Bien que la séduction soit souvent associée au sexe opposé, elle peut également impliquer une personne du même sexe et même celles qui s'identifient comme non sexuelles.

La séduction sombre n'implique pas uniquement des actes sexuels ; il utilise plutôt la stimulation sexuelle pour atteindre certains objectifs.

La stimulation sexuelle rend les victimes moins logiques et rationnelles et donc plus ouvertes à la manipulation.

Voici quelques techniques de séduction sombre :

Le Love Bombing consiste à envoyer des expressions provocatrices et des platitudes aux autres en guise de cadeaux, avec ou sans demande explicite de le faire.
L'objectif principal de la séduction sombre est de faire appel au ça primitif d'un individu et de réduire l'anti-investissement ; l'encourageant ainsi à rompre avec le surmoi et à descendre vers l'Id où existe l'hédonisme.

Des actions et des récompenses érotiques peuvent être utilisées contre la victime pour renforcer cet état d'identité et éliminer toute preuve de surmoi ou d'anti-investissement.

Le plus souvent, l'endoctrinement et le lavage de cerveau peuvent aider à démanteler le surmoi. L'hypnose, cependant, est utilisée comme une technique puissante à cette fin : elle amène l'esprit d'une personne dans un état ouvert où elle peut être persuadée par toute suggestion que vous lui faites.

Un individu sous hypnose est semblable à une personne endormie qui marche ; leur conscience se concentre uniquement sur la marche sans capter les signaux provenant de sources extérieures.

En état d'hypnose, un individu ne peut pas consciemment tirer des références de sources externes – uniquement de suggestions. La conscience périphérique diminue ou disparaît complètement à mesure que leur esprit se retrouve piégé dans une bulle impénétrable, imperméable aux signaux extérieurs qui la pénétreraient normalement.

Induction hypnotique
L'induction hypnotique consiste à donner à quelqu'un des instructions et des suggestions conçues pour induire l'hypnose.

Principales caractéristiques de l'hypnose :
Attention concentrée sur un objet ou une idée Isolement de la conscience périphérique

Réceptivité accrue aux suggestions La principale distinction entre l'hypnose blanche et l'hypnose sombre réside dans l'intention de l'hypnotiseur : l'hypnose sombre vise à exploiter son sujet à des fins égoïstes plutôt que de l'aider à s'améliorer grâce à des suggestions positives provenant de l'hypnose.

L'hypnose blanche vise à atténuer les états de conscience traumatisants ou nocifs en aidant les hypnotiques à s'en sortir rapidement et avec succès. L'hypnothérapie est souvent considérée comme la forme principale de l'hypnose blanche, souvent appelée hypnose thérapeutique.

Hypnothérapie
L'hypnothérapie est une forme d'induction hypnotique blanche utilisée par les médecins à des fins thérapeutiques. L'objectif principal est d'aider à guérir d'un traumatisme psychologique, émotionnel et même physique.

L'hypnothérapie peut être utilisée comme une méthode efficace pour soulager la douleur en aidant le patient à s'éloigner de la source de son inconfort, réduisant ainsi sa sensibilité à cette douleur.

Faits sur l'hypnose : l'hypnose est volontaire et volontaire. Les enfants sont plus sensibles à l'hypnose que les adultes.

15% des personnes sont sensibles à l'hypnotisme.

10 pour cent des individus ne peuvent que rarement être hypnotisés.

Les personnes enclines à fantasmer sont plus vulnérables à l'induction hypnotique sombre. De plus, cela pourrait avoir des conséquences néfastes.

Il y a eu de nombreuses victimes de l'induction hypnotique sombre. Les causes courantes incluent :

Hypnotisé si profondément que vous confiez volontiers vos biens à un hypnotiseur

Êtes-vous hypnotisé pour ouvrir volontairement la porte aux voleurs ?

Êtes-vous hypnotisé et suivez-vous volontairement les ravisseurs jusqu'à leur tanière ? Si tel est votre cas, être hypnotisé pour que vous les suiviez dans leur tanière entraînera probablement un enlèvement et des abus.

Comprendre la manipulation fait depuis longtemps partie de la vie ; il n'est pas surprenant que la persuasion soit depuis longtemps pratiquée comme une compétence. Reconnaître sa véritable essence est essentiel si vous souhaitez gérer efficacement son impact.

Dans ce chapitre, nous passerons brièvement en revue la psychologie de la manipulation pour mieux comprendre où elle peut exister dans nos vies et qui pourrait tenter de nous exploiter. Cela peut également aider à identifier ceux qui tentent de nous influencer sans que nous nous en rendions compte - par exemple, un patron pourrait encourager ses employés à agir d'une manière contraire à leur personnalité et à leur comportement habituels ; apprendre comment le commerce utilise des techniques de persuasion subtiles vous aidera à combattre son pouvoir omniprésent.

Notre société nous encourage à nous considérer comme des individus indépendants, capables de faire des choix rationnels ; cependant, lorsqu'il s'agit de décisions de vie, nous n'avons pas toujours un contrôle total. Les enfants peuvent souvent être fortement influencés par leurs parents et n'ont aucun contrôle sur le processus par lequel ils ont été élevés. Une fois à l'intérieur du système éducatif, nous sommes encore plus manipulés. Les enseignants nous enseignent tout sur les normes sociales et les attentes de la société ; plus tard, en tant qu'adultes, nous sommes attirés par des politiciens en quête de votes. Beaucoup sont convaincus de voter pour certains partis par leurs promesses pour l'avenir, même s'ils ne croient pas en leur politique. Cela donne aux politiciens un pouvoir qui peut affecter directement nos vies ; Sommes-nous vraiment en contrôle ou simplement soumis à la manipulation de ceux qui maîtrisent les techniques de persuasion ?
Plus loin dans ce livre, nous expliquerons comment aborder diverses méthodes de manipulation, manifestes et secrètes. Tout d'abord, vous devez apprendre à reconnaître quand vous êtes manipulé afin de pouvoir y contrer ; pour cela, nous examinerons également ce que disent les experts sur ce type de comportement qui existe parmi nous.
Vous sentez-vous manipulé ?

De quels genres de choses devons-nous nous méfier dans notre vie de tous les jours ?

Langage persuasif Même si les images valent mille mots, les mots peuvent être beaucoup plus efficaces lorsqu'ils sont utilisés pour motiver, encourager et persuader. Pensez simplement à toutes ces fois où vous avez été inspiré par un orateur charismatique dont les discours audacieux vous ont inspiré et motivé à agir ; ou quand on se perdait complètement dans un grand livre avec des mots racontant une autre histoire ! Le langage peut être une force extrêmement puissante lorsqu'il est utilisé efficacement pour convaincre les autres de quelque chose ; la communication est un atout incroyable lorsqu'on essaie de changer le comportement des gens ou de les faire changer d'avis sur quelque chose.

Théories de manipulation psychologique 1 Cognitive

Les processus psychologiques et les théories entourant la persuasion sont bien connus ; L'une de ces théories développée par Anthony Greenwald en 1968 est le modèle de réponse cognitive. Bien que créés il y a plus de 40 ans, ses principes restent pertinents aujourd'hui et largement utilisés dans la publicité et d'autres formes de persuasion.

Greenwald a suggéré que : Ce qui détermine réellement le succès de la persuasion ne réside pas dans les mots mais dans les émotions du destinataire, son monologue interne et le fait qu'il perçoive ou non le message avec des pensées (cognitions) favorables ou défavorables. Ce processus n'implique pas nécessairement l'apprentissage de nouveaux matériaux, mais est déterminé par le fait que quelqu'un le perçoit déjà de telle manière que l'influence lui soit plus ou moins facile.

Les persuadeurs doivent s'appuyer sur leurs compétences de persuasion pour surmonter tous les contre-arguments qui s'opposent à leurs efforts de persuasion. Ils devraient empêcher leur cible de disposer de suffisamment de temps pour élaborer leurs propres contre-arguments et devraient encourager les arguments positifs à apparaître, donnant ainsi à « l'effet de persuasion » une plus grande chance de succès.

La persuasion devient plus difficile si une cible visée a été prévenue de ce à quoi s'attendre, ce qui lui laisse le temps de préparer ses propres arguments contre ce qui peut lui sembler contre-intuitif. Richard E. Petty a mené des recherches qui ont démontré l'importance de l'avertissement préalable en 1977 : les étudiants informés de certains événements étaient moins susceptibles d'être convaincus que ceux qui n'en étaient pas informés au préalable.

La réciprocité
La règle de réciprocité fournit une autre explication intrigante de notre susceptibilité à la persuasion : elle repose sur des conventions sociales : si quelqu'un vous rend service ou vous offre quelque chose de bien, vous êtes plus susceptible de vous sentir obligé de lui rendre la pareille sous une forme ou une autre.

Inconsciemment, la règle de réciprocité peut survenir. Sans même vous en rendre compte, vous pouvez accepter de faire une action ou une faveur pour quelqu'un parce qu'à un moment donné, il a fait quelque chose de bien pour vous - même si cette demande ne relève normalement pas de votre domaine de compétence. Se sentir obligé pourrait même avoir ses avantages ;

Les entreprises utilisant des techniques de vente emploient généralement cette tactique afin de générer davantage de ventes. Les entreprises proposent des échantillons gratuits ou des essais d'une durée limitée dans l'espoir que les clients se sentent obligés de leur rendre la pareille en achetant leur produit ou en poursuivant l'accord.

La réciprocité est un processus psychologique établi et un comportement adaptatif, augmentant nos chances de survie à travers l'histoire. Aider les autres peut augmenter vos chances d'obtenir de l'aide en retour, mais la réciprocité peut avoir des effets secondaires indésirables ; par exemple, si quelqu'un vous fait du mal, la réciprocité pourrait susciter des réactions de vengeance à son encontre.

La recherche universitaire soutient la règle de réciprocité. Burger et al (2009) ont constaté que les participants étaient plus susceptibles d'accepter les demandes formulées par quelqu'un qui leur avait rendu service dans le passé.

Manipulation des informations, étape 3

La tromperie est l'une des principales stratégies employées par les manipulateurs. Cette stratégie consiste à offrir des informations limitées et déroutantes aux victimes afin de modifier leurs schémas de pensée, les rendant ainsi plus vulnérables. La tromperie peut également impliquer l'utilisation d'un langage corporel intentionnel afin de persuader et de manipuler quelqu'un.
McCornack et coll. (1992) ont mené une étude qui a mis en évidence diverses manières par lesquelles les messages pouvaient être falsifiés pour faciliter les processus de manipulation. La théorie de McCornack repose sur quatre maximes qui régissent les déclarations véridiques ; toute violation rendra ce message comme une tromperie intentionnelle. Ils comprennent:
Informations sur la quantité « quantité » fait référence à la quantité distribuée. La plupart d'entre nous s'efforcent de fournir suffisamment de données pour que le destinataire comprenne notre message – ni trop peu ni trop de données ne peuvent prêter à confusion. Mais les manipulateurs peuvent jouer avec cette quantité en retenant certains éléments qu'ils estiment sans rapport avec leur argument ou en retenant des informations qui, selon eux, pourraient le miner - cette pratique est connue sous le nom de « mentir par omission ».

La qualité fait référence à l'exactitude des informations fournies. Une communication véridique est de haute qualité, tandis que lorsque nous enfreignons ce principe, le récepteur entend des contrevérités intentionnelles qui donnent au manipulateur un pouvoir sur les autres.

Pertinence Nous faisons ici référence à la « pertinence » des informations liées à notre message. Afin de détourner une question délicate ou d'éviter une discussion inconfortable, les manipulateurs changent souvent de sujet pour leur propre bénéfice - soit pour cacher leurs faiblesses en eux-mêmes, soit en insistant trop sur quelque chose qui leur donnera plus de pouvoir sur leur auditeur.

Mode de livraison Une présentation est déterminée par la manière dont elle est « livrée ». Le langage corporel y joue un rôle essentiel. Lorsque nous écoutons, les inflexions et les expressions faciales peuvent révéler l'origine d'un message ; les manipulateurs peuvent exagérer ces caractéristiques pour induire subtilement les auditeurs en erreur en leur faisant croire que leur message met plutôt l'accent sur leur agenda.

Manipuler ou persuader délibérément les autres par la tromperie n'est pas une tactique nouvelle ; cependant, son utilisation est devenue particulièrement puissante dans la société actuelle.
La communication en ligne et sur les réseaux sociaux n'implique pas toujours des rencontres en face à face, ce qui permet aux manipulateurs de propager plus facilement des fausses vérités ou d'exagérer des informations. Les manipulateurs pourraient prospérer grâce à de telles formes de communication.

4 Nudge Toutes les manipulations ne sont pas nuisibles ; nous avons parfois besoin d'aide pour prendre des décisions qui nous seront bénéfiques à long terme. Pour atteindre cet objectif, la théorie du Nudge peut être particulièrement utile : développer le renforcement positif en donnant de légères poussées à petites doses au moyen de divers « nudges ».

Les études de Skinner, ou behaviorisme, illustrent l'utilité de cette théorie. En offrant un renforcement positif sous forme de récompenses pour le comportement souhaité, cette théorie peut pousser les gens dans la direction souhaitée.

Un exemple de « coup de pouce » peut être vu ici. Bien que l'ajout d'articles à prix élevé puisse sembler contre-productif, les résultats ont en fait augmenté les ventes du deuxième article le plus cher - ce qui a incité les clients à l'acheter - le tout pour le bénéfice des restaurateurs et de leurs résultats financiers.

Richard Thaler est largement considéré comme le « père » de la théorie du Nudge et a reçu le prix Nobel d'économie pour sa contribution significative à l'économie comportementale. La théorie du nudge fournit un renforcement positif ou « nudges ».

La théorie du Nudge peut être une théorie économique extrêmement efficace ;
cependant, son application s'étend bien au-delà de l'économie pour encourager les
changements de comportement et influencer les choix personnels ainsi que pour
modifier les normes sociales acceptées de cette manière.

Le Nudging a connu un tel succès qu'en 2010, le gouvernement britannique a créé une
équipe départementale d'analyse comportementale dédiée à l'élaboration de politiques
- communément appelée Nudge Unit.
Les « nudges » peuvent présenter des avantages évidents pour la société dans son
ensemble, mais le recours à de telles techniques psychologiques pour influencer les
gens peut violer les libertés civiles individuelles.

5. Manipulation sociale
Également appelée manipulation psychologique, la manipulation sociale peut être
utilisée par des politiciens et d'autres individus puissants à des fins personnelles. Dans
sa pire forme, elle constitue une forme de contrôle social en supprimant les droits
individuels des individus pour forcer la population à accepter ce qui leur a été donné ;
mais la manipulation sociale peut être utilisée de manière positive lorsqu'elle est
utilisée pour améliorer des problèmes de santé ou de bien-être personnels.

Les manipulateurs sociaux emploient des techniques de distraction pour détourner
l'attention des problèmes importants. Leurs propositions profiteraient probablement à
tout le monde, y compris à votre famille et à son avenir ; toute opinion divergente
serait erronée et égoïste – ce type de persuasion traite les individus comme des enfants
; ce système essaie de convaincre la foule que tout ce qui n'a pas fonctionné était de
leur responsabilité, alors écoutez attentivement lorsque les conseils d'experts vous
parviennent pour trouver une solution.

Une telle stratégie politique mettrait en avant un problème social tout en en cachant
un autre – afin de générer des troubles sociaux et la panique au sein de la population
et d'apporter les changements qu'elle réclame. Un tel exemple pourrait être lorsqu'un
ministère veut cacher des problèmes de soins de santé en réduisant le budget de
prévention du crime et en faisant ainsi augmenter les statistiques de la criminalité de
façon exponentielle ; les informations seront ensuite transmises sur les solutions aux
problèmes de criminalité par les politiciens diffusant leurs vérités et leurs faits qui ne
sont pas toujours exacts (c'est-à-dire une mauvaise utilisation des statistiques).
La manipulation sociale pourrait prendre des années avant que le résultat souhaité ne
se manifeste.

La manipulation psychologique fait partie intégrante de l'influence sociale. Le professeur Preston Ni de Communication Studies a publié un article dans Psychology Today décrivant cette technique par laquelle une partie reconnaît la faiblesse d'une autre avant de délibérément provoquer un déséquilibre des pouvoirs afin d'exploiter les victimes à des fins personnelles.

Est-ce que cela fait de nous tous des marionnettes sociales ? En partie. La plupart d'entre nous se conforment aux attentes afin d'éviter l'anarchie au sein de la société.

Réfléchissez un instant au produit ou au gadget que vous aimeriez le plus acheter : un ami l'a-t-il suggéré ou en possède-t-il déjà un ? Il est plus probable qu'il s'agisse de quelque chose que quelqu'un d'autre possède déjà ou dont vous avez vu une publicité en ligne, ce qui vous donne encore plus envie de l'acquérir. Ceci n'est qu'une autre forme de manipulation sociale ; nous pouvons facilement être persuadés si nous baissons notre garde ; Que cela soit bon ou mauvais, c'est à chacun de décider.

La manipulation sociale n'est pas toujours synonyme de mal. Lorsqu'elle est utilisée correctement, la manipulation sociale peut en réalité bénéficier à la société dans son ensemble. Par exemple, les efforts déployés par les spécialistes de la santé pour nous convaincre de consommer davantage de fruits et de légumes à travers des campagnes telles que les « Campagnes 5 par jour », ou même des campagnes contre le tabagisme qui ont permis de réduire le nombre de fumeurs et donc de réduire les risques liés aux maladies, sont des exemples de coercition réussie. tactiques à leur meilleur.

Gaslighting - la forme de manipulation la plus cruelle
Des principes tels que le fait de savoir que l'on vous donne de fausses informations conduisent finalement à les accepter comme étant la vérité.

Le gaslighting est une forme de manipulation contraire à l'éthique ; Les briquets à gaz amènent leurs victimes à douter d'elles-mêmes et à perdre toute confiance en elles, les amenant finalement à se remettre davantage en question. Cela conduit à d'immenses souffrances à mesure que leur estime de soi s'érode. Gaslighting vise à déstabiliser sa cible, en lui créant un chaos psychologique. Les manipulateurs rabaisseront constamment leur cible en la contredisant ou en la convainquant qu'ils ont toujours tort ; les conduisant parfois dans cette voie jusqu'à même être accusé d'inventer des mensonges sur eux-mêmes. C'est pourquoi les victimes perdent toute confiance en elles ; une fois que cela se produit, ils sont complètement contrôlés par un influenceur dominateur - c'est un exemple de violence mentale que l'on retrouve couramment dans les relations personnelles abusives - avec des tentatives constantes pour faire douter leur victime d'elle-même et remettre en question tout ce qu'elle se souvient d'avoir dit ou fait lors d'interactions passées avec lui. influenceur. Finalement, même les souvenirs eux-mêmes sont remis en question par ces techniques utilisées contre leur victime en leur faisant remettre en question même ce qui a déjà été dit et fait lors d'interactions passées avec cet influenceur.

Le gaslighting nécessite du temps avant de devenir pleinement efficace ; son auteur épuisera progressivement sa victime, jusqu'à l'amener à douter de sa propre santé mentale et à se demander s'il s'agit d'une manipulation.

Le Dr George Simon PhD est un psychologue clinicien d'une université du Texas qui a étudié des personnes ayant des personnalités problématiques. Les résultats de ses études l'ont amené à croire que certaines personnalités, notamment les psychopathes, sont adeptes de la manipulation ; déformer les faits et utiliser un langage agressif afin de semer le doute dans l'esprit de leurs victimes et les amener à douter d'elles-mêmes et finalement à croire que le manipulateur a raison ; devenant finalement des cibles vulnérables sous son contrôle.

Le gaslighting ne se limite pas non plus aux particuliers ; il a également été utilisé par des entités politiques. Maureen Dowd est l'une de ces auteures et chroniqueuses qui utilise cette tactique.
Elle a affirmé que l'administration d'Hillary Clinton avait utilisé des techniques d'éclairage au gaz contre un adversaire - Newt Gingrich, du parti politique adverse, était souvent incité à paraître hystérique par ces techniques. Les journalistes et les psychologues pensent également que Donald Trump a utilisé de telles méthodes pendant sa campagne présidentielle et pendant son mandat. Par exemple, ils notent la fréquence à laquelle il dit quelque chose avant de se rétracter plus tard ou de nier même de l'avoir dit ; qu'ils classent parmi les techniques classiques d'éclairage au gaz.
Votre partenaire vous trompe et vous manipule

Examinons quelques exemples de manipulation qui ont émergé dans les relations personnelles, peut-être pourrez-vous reconnaître certaines de ces caractéristiques en vous-même ?

Les manipulateurs ont tendance à être obsédés par le contrôle ; plus ils possèdent de pouvoir, plus leurs dents s'enfoncent profondément dans la victime.

Ils violeront les limites personnelles des autres en effectuant des actes tels que la surveillance et l'espionnage ou en prenant des mesures ouvertes et audacieuses. Pour leur permettre de faire cela, aucun élément personnel tel que des téléphones ou des ordinateurs ne sera autorisé en votre possession ; vos mots de passe peuvent même être volés à votre insu. Pendant ce temps, ils gardent farouchement leurs propres limites si leur espace personnel est compromis d'une manière ou d'une autre.

Des actions énergiques, telles que vous empêcher de voir certains amis, peuvent se produire lorsque quelqu'un refuse de partager ce qui lui appartient uniquement, comme vous empêcher de visiter votre propre cercle social. Au début, ils exprimeront clairement leur aversion pour ces connaissances alors qu'au fond, ils les considèrent comme des menaces potentielles ; la jalousie suit son cours et peut même devenir agressive.

Si vous prenez des décisions sans les consulter au préalable, ils ne seront pas contents. Ils ne veulent pas que vous exerciez votre libre arbitre, sinon cela pourrait conduire un jour à les quitter !

Le contrôle peut prendre la forme de conseils ; cependant, vous n'avez pas vraiment le choix pour l'accepter. Ils vous expliquent quoi faire et comment agir.
Les partenaires manipulateurs ont tendance à vouloir une connaissance approfondie de votre emploi du temps quotidien et tout écart par rapport à celui-ci les incitera probablement à enquêter davantage sur vous. Si quelque chose les surprenait, ils se poseraient certainement des questions et des interrogations à ce sujet.

Remarquez qu'ils critiquent souvent tout ce que vous dites en public et déprécient vos opinions et vos pensées afin d'affirmer leur pouvoir sur vous.

Non seulement ces personnes sont promptes à vous critiquer, mais elles font souvent un effort supplémentaire : vous accusant de mentir ou d'avoir une mauvaise mémoire ; parfois même avoir le culot de vous traiter de manipulateur !

Contrôler les manipulateurs ne peut jamais être satisfait ; lorsque vous pensez avoir atteint ce but, ils le déplacent une fois de plus, vous laissant incertain de la situation exacte de votre relation.

Êtes-vous engagé dans une relation abusive ? Il ne fait aucun doute que les relations entre manipulateurs seront probablement malheureuses. Les manipulateurs ont tendance à être imprévisibles et peuvent soudainement devenir violents lorsque leurs règles ne sont pas respectées.

Sortir d'une relation abusive n'est jamais facile, mais il existe des ressources qui peuvent vous aider. Une fois que vous pouvez le faire en toute sécurité, recherchez en ligne des organisations locales qui soutiennent les victimes de partenaires violents. Supprimez également votre historique de navigation car rien ne restera privé pour un manipulateur. C'est stressant au début, mais l'aide nécessaire doit être recherchée immédiatement.

Vos amis profitent de vous pour vous manipuler et vous inciter à agir.

Il ne fait aucun doute qu'il peut être difficile de nouer des liens dans de nouveaux environnements, et parfois ce processus peut même sembler intimidant ou hostile ! Cependant, lorsque cela se produit, les gens se sentent souvent comme des poissons hors de l'eau – ce sentiment d'aliénation ne doit jamais être ignoré ! Nous avons tous besoin d'amis dans la vie, et apprendre à les attirer devrait être considéré comme une compétence essentielle que possèdent tous les individus. Les êtres humains sont des animaux sociaux par nature et recherchent la compagnie des autres – il y a très peu d'exceptions à cette règle !

Sélection d'amis - Créez un profil idéal du type d'amis que vous souhaitez.

Voici trois grandes catégories d'amis :

Bonjour et adieu à mes connaissances (amis).

Les personnes que vous rencontrez dans des environnements communs - comme le travail - ont tendance à devenir vos amis presque automatiquement, par exemple en vous disant bonjour et au revoir lors d'une réunion de la journée ; Mais une fois hors de cet espace partagé, ces amis (qui ne sont peut-être en réalité que des connaissances) restent rarement impliqués au-delà de ces interactions ; même s'il est agréable de les connaître et de profiter de leurs compétences chaque fois que nécessaire, ils ne comptent pas nécessairement parmi vos véritables alliés (les Grecs croient que l'on ne peut compter les véritables amitiés que d'une seule main - quelque chose à garder à l'esprit !).

Compagnons de beuverie, partenaires de golf et compagnons de shopping - les amis du plaisir vont et viennent dans la vie. Ils partagent avec vous ces choses qui rendent la vie amusante parce qu'ils l'apprécient eux-mêmes, rient souvent et prennent plaisir à passer du temps en compagnie les uns des autres. Même si ces amis ne s'engagent pas nécessairement dans de longues conversations sur le sens de la vie ou sur la réalité du changement climatique, ces liens sociaux lâches qui se forment au fil du temps deviennent des compagnons inestimables.
Tout le monde aime s'amuser, alors lorsque l'occasion se présente, tout le monde vit une expérience agréable ensemble - même s'il y a peu de profondeur dans leur relation avec vous.

Amis de l'âme
Ce sont vos amis qui appellent à 3 heures du matin – ceux sur qui vous pouvez compter et qui sont prêts et disposés à parler si vous perturbez leur sommeil à 3

heures du matin ! Avec ces gens à vos côtés lors d'un road trip vous ne vous entretuerez pas avant d'atteindre la Route 66 !

Des conversations longues et significatives, des secrets partagés et un soutien mutuel définissent ces amitiés. Les personnes qui restent à vos côtés, contre vents et marées, sont de véritables âmes sœurs ; ces personnes vous comprennent intimement tandis que vous leur rendez la pareille en nature. Certains amis peuvent être là de la naissance jusqu'à la mort, tandis que d'autres que vous rencontrez en cours de route. Ce qui distingue ces amitiés de celles qui s'estompent avec le temps ou des compagnons moyens, c'est la profondeur de leur relation. Les âmes amies sont difficiles à trouver et lorsque nous nous retrouvons, nous pouvons avoir l'impression que aucun temps ne s'est écoulé. Vous reprenez là où vous vous êtes arrêté parce que vous vous connaissez si bien ; comme si le destin avait prévu que ce seraient vos amis. Les âmes sœurs reflètent notre identité et ce qui est important dans nos vies ; en plus ils sont là quand on a besoin de quelqu'un car ils savent exactement qui nous sommes.

Nouer de véritables amitiés prend du temps.

Les véritables amitiés ne se forment pas du jour au lendemain. Au fil du temps, des amitiés durables et intimes se nouent grâce à une véritable alchimie entre les personnes impliquées. Comme les relations amoureuses, les véritables amitiés reposent sur ce même échange chimique fondamental qui s'adresse directement aux deux parties impliquées - comme une chanson intérieure qui s'adresse directement aux deux parties. Vous savez quand c'est réel parce que ces liens ne se forment pas d'eux-mêmes - ils existent plutôt des réalités préexistantes que vous reconnaissez et sur lesquelles vous agissez. Lorsque de véritables âmes amies entreront dans votre vie pour la première fois, leur impact sera indéniable : vous saurez immédiatement que quelqu'un avec qui vous vous connectez instantanément est fait pour eux (en plus d'être) !
Les Soul Friends peuvent jouer un rôle inestimable dans votre vie jusqu'à sa conclusion, qu'elle soit physique ou spirituelle. Nous savons qu'ils sont là, sachant que nous pouvons décrocher le téléphone et appeler à tout moment pour les trouver prêts à discuter ; ces amis rendent vraiment la vie digne d'être vécue ! C'est ce qui les rend spéciaux et incroyablement essentiels.

Bien qu'il soit facile de reconnaître nos âmes amies au premier regard, le monde peut souvent rendre cela difficile. Pourtant, une fois formés, les âmes amies restent persistantes malgré la méfiance de notre culture : elles n'abandonneront pas votre recherche et n'arrêteront pas d'essayer ; avec le temps, le lien entre vous deviendra indestructible et vous deviendrez un allié pour la vie.

Voici comment vous pouvez devenir apte à faire de nouvelles connaissances :

Avez-vous trop réfléchi

Vous êtes-vous déjà senti gêné de rencontrer quelqu'un, pour ensuite vous sentir rapidement à l'aise en sa présence après seulement deux minutes de rencontre ? N'oubliez pas que rencontrer une nouvelle personne ne donne aucune idée de son caractère ou de son comportement ; il serait donc vain pour vous de tout suranalyser ?

Et encore une fois, supposer que rencontrer de nouvelles personnes sera effrayant ne fait que vous rendre craintif sur le moment et peut transformer la rencontre avec quelqu'un de nouveau en quelque chose que vous n'aimez pas ou n'aimez pas du tout. Le plus souvent, lorsque nous nous sentons timides envers les gens, cela est dû à la peur qui nous empêche d'établir des relations significatives qui durent toute une vie - les mauvaises expériences avec d'autres personnes entravent considérablement ce processus de croissance ; il est donc crucial que nous nous débarrassions au plus vite de cette illusion de réunions effrayantes ! Pour contrer cette tendance et garantir que nous formons des liens significatifs, nous devons abandonner toute présomption selon laquelle rencontrer des gens nous rendra craintifs, méfiants ou nous détestera complètement - désabusez-vous de cette notion afin d'être libre, prêt à nouer des liens significatifs et durables qui devraient durer. tout au long de la vie. Il vaudrait donc mieux que nous nous débarrassions de cette illusion selon laquelle rencontrer quelqu'un nous rendra méfiant ou que des rencontres détestables se produiront ; nous conduit généralement sur cette voie consistant à nous sentir mal à l'aise ou timide envers quelqu'un (ou toute rencontre qui se produit). La vie nous enferme dans des silos individuels d'isolement, ce qui nous rend méfiants, rend la vie difficile et essayer de nouer des liens durables peut prendre des décennies ! La solution ici consiste à vous désabuser de ce mythe selon lequel rencontrer quelqu'un va faire rencontrer quelqu'un ou n'importe qui de nouveau - essayez plutôt de vous désabuser de cette notion selon laquelle rencontrer quelqu'un signifie avoir carrément peur de sa rencontre avec l'idée que rencontrer quelqu'un de nouveau signifie faire n'importe quoi. ...

Rencontrer des inconnus peut être intimidant, alors arrêtez de trop réfléchir à la manière d'aborder cette première conversation ; comment établir des liens significatifs qui pourraient enrichir votre vie. En réfléchissant trop à ces relations importantes, nous pourrions rester des personnes seules et isolées qui ne se connectent jamais vraiment de manière authentique ou durable les unes aux autres comme les humains sont censés le faire.

Qui sait si l'autre partie est nerveuse à l'idée de vous rencontrer ? En ces temps incertains, la plupart d'entre nous ne se font pas confiance les uns envers les autres et se demandent si les personnes que nous rencontrons ont de véritables motivations et intentions lorsque nous les rencontrons. Très probablement, c'est le cas ; la confiance a été perdue entre les individus.

Détendez-vous et formez-vous dans votre esprit une image positive de cette première rencontre ; celui qui représente la santé. Malheureusement, beaucoup peuvent vous juger injustement au premier coup d'œil. Tout le monde véhicule des hypothèses culturelles sur celles qui méritent d'être connues. Vous le faites probablement aussi. La clé pour vous ouvrir aux autres et permettre à l'univers de vous connecter est de vous ouvrir et de permettre aux choses de se dérouler de manière organique – cela fait des merveilles ! Les amis qui valent la peine sont conscients qu'il n'est pas judicieux de porter des jugements basés uniquement sur des caractéristiques superficielles. La peur ne réside que dans nos esprits – supprimez-la ! Mettez de côté toutes les idées préconçues et les peurs et faites plutôt confiance à votre intuition pour lire les gens efficacement. Faites-vous confiance et faites confiance à vos connaissances : vous en avez suffisamment appris sur les gens pour savoir s'ils sont honnêtes ou non, en lisant leurs manières, leurs modèles de discours et les indicateurs non verbaux qui révèlent qui ils sont réellement. Faites-vous confiance et comptez sur vous-même ; Il n'y a rien à craindre; pas besoin de soupçon ou d'hésitation !

Vous êtes désormais plus que prêt à vous lancer tête première dans les interactions sociales et à trouver des amis partageant les mêmes idées. Vos compétences nouvellement acquises grâce à la pratique de la psychologie sociale devraient rendre la recherche beaucoup plus simple.
Déterminez très rapidement qui est mauvais et qui est bon. Même si le grand méchant loup existe encore, vous êtes devenu un individu compétent et capable, socialement conscient ; vous n'êtes plus vulnérable à être trompé par quiconque vous met de la laine sur les yeux. Vos nouvelles connaissances vous permettent de discerner facilement qui, parmi ceux que vous rencontrez, pourrait devenir vos véritables amis ; plus de conjectures ici - maintenant que vous comprenez les ficelles du métier !

Déplacez-vous à votre rythme
Si vous avez été sans contact social pendant une période prolongée, rencontrer de nouvelles personnes peut vous sembler intimidant lorsque vous recommencez (par exemple lors d'un séminaire ou d'une fête). Allez-y à votre rythme. Cependant, vous pouvez éviter ce dilemme en recherchant des amis ou des connaissances dont vous savez qu'ils seront présents à un événement à venir et en les rencontrant avant d'y assister - cela vous rassurera lorsque vous réintégrerez des situations sociales. Au moment où vous arrivez à un événement, votre anxiété devrait avoir considérablement diminué. Savoir que quelqu'un sera présent peut vous présenter à d'autres tandis que vos amis ressentiront probablement toute tension que vous ressentez et seront là pour vous soutenir - n'hésitez jamais à demander de l'aide à quelqu'un que vous connaissez ;

c'est pour ça que les amis sont là ! Comme nous l'avons découvert tout au long de ce livre, ils apportent un soutien inestimable !

Cherchez-vous à rétablir une vie sociale après avoir été isolé ? Voici quelques solutions efficaces pour faciliter la transition :

Commencez par contacter des connaissances - bonjour au revoir est une première étape facile avec un minimum de risques.

Élargissez votre cercle social pour inclure de petits groupes d'amis que vous avez déjà ; simplement pour observer les relations entre les gens ; reprendre l'habitude d'être avec des gens en groupe sans que cela se sente intimidant ou intimidant. Il n'est pas nécessaire que ce soit intimidant ; prendre les choses lentement.
Élargissez votre cercle social en rejoignant vos amis lors des réunions auxquelles ils participent avec de nouvelles personnes. Lorsqu'ils entendront que vous souhaitez mener à nouveau une vie sociale active, la plupart se feront un plaisir de vous aider !

Sortez de votre zone de confort et acceptez les invitations à socialiser avec des personnes extérieures à votre cercle de connaissances habituel. On dit que les fruits les plus sucrés se trouvent au bord, alors sortez ! Vivez de nouvelles expériences avec de nouvelles personnes tout en en apprenant davantage sur vous-même et sur les autres. Pourquoi les gens ne voudraient-ils pas rencontrer quelqu'un d'aussi fascinant et intelligent que vous ?

Soyez proactif dans la socialisation ! Adoptez une approche active pour rencontrer de nouvelles personnes.

Une fois que vous êtes à l'aise avec la reprise des contacts sociaux et que vous ne vous sentez plus isolé des autres, vous pouvez rechercher de manière proactive des personnes que vous connaissez déjà ainsi que des nouveaux arrivants. Les amis et les connaissances constituent la base du lien social, mais vous devriez vous étendre davantage dans des domaines qui peuvent vous être inconnus, tels que :

Rejoignez un groupe qui partage vos passe-temps et autres intérêts.

Inscrivez-vous pour participer à des ateliers ou suivre des cours qui vous intéressent, comme des ateliers ou des cours qui partagent un intérêt. Il vous sera facile de vous faire des amis dans de tels groupes où tous les membres partagent des objectifs communs.

Faites du bénévolat et vous apprécierez servir tout en vous faisant de nouveaux amis. De plus, le bénévolat constitue le moyen idéal de développer des compétences et des aptitudes que vous espériez peut-être perfectionner. Tout comme les ateliers ou les groupes, le partage d'un intérêt constitue un point de lien commun entre les membres d'un groupe de bénévoles - et le bénévolat n'est pas différent !

Acceptez les invitations à des fêtes d'anniversaire, à des fonctions sociales et à d'autres rassemblements où les personnes avec lesquelles vous souhaitez communiquer pourraient se rencontrer. Brisez les barrières qui pourraient empêcher les personnes que vous souhaitez rencontrer de se manifester.

Assistez à des événements sociaux et à des « rencontres » avec des personnes partageant les mêmes intérêts. De plus, sortir régulièrement dans les bars peut aider ; il y a des gens partout qui recherchent simplement quelqu'un à qui parler ; peut-être que comme vous, ils veulent aussi sortir de l'isolement ou de la stagnation sociale ! Vous êtes le seul responsable de l'élargissement de vos horizons – personne d'autre ne les poussera vers l'extérieur à votre place.

Rejoignez des communautés en ligne – celles-ci sont peut-être virtuelles, mais je sais par expérience personnelle qu'elles peuvent conduire à des amitiés réelles. Par exemple, j'ai rencontré de nombreux amis du monde réel via Facebook et d'autres communautés en ligne ; Parfois, partager vos pensées par écrit rend la communication plus facile que verbalement ; cela pourrait contribuer à favoriser des liens durables qui durent au-delà d'une première rencontre ! De plus, vous pouvez analyser le style d'écriture d'un nouvel ami potentiel avant de le rencontrer !

Prendre l'initiative

Il n'est pas nécessaire d'attendre que les gens vous approchent ; après tout, ils peuvent être aussi réservés que vous. Personne ne naît en connaissant quelqu'un, sauf la famille ; même dans ce cas, rencontrer des gens peut souvent être aléatoire. Abordez simplement les gens en leur posant des questions simples telles que « comment allez-vous » et « d'où venez-vous ». Être ouvert envers ceux qui vous entourent fera une différence incroyable dans la facilité avec laquelle les gens s'ouvriront à vous !

N'oubliez pas que vous essayez de briser la glace entre vous et un étranger, alors ne parlez pas trop. Soyez amical mais pas intrusif, et ne soyez pas frustré si les autres ne répondent pas immédiatement – mettez-vous à leur place autant que possible. Utilisez les leçons de ce livre pour évaluer où ils en sont et rencontrez-les là-bas. Soyez doux lorsque vous portez des jugements sur les autres : tout le monde juge tout le monde à un moment donné ! Prenez le temps d'engagements entre individus où les deux participants espèrent une révélation mutuelle.

Rejetez toute tentation de porter un jugement.

Personne n'est parfait — et cela vous inclut. La nature humaine nous amène à évaluer les gens assez durement avant de les connaître, ce qui découle de notre instinct de survie et nous dit d'éviter ceux qui pourraient potentiellement nous mettre en danger. Mais les gens modernes disposent d'outils plus efficaces, notamment des compétences linguistiques non verbales qui leur permettent d'identifier les personnes qui ne correspondent pas à ce qu'ils recherchent chez un compagnon.

Rester ouvert à ceux que nous rencontrons est la porte d'entrée vers des amitiés plus profondes, car cela nous aide à mieux accepter les styles, l'apparence ou les attitudes des autres. Ne pas rejeter les gens en raison de bizarreries mineures est la clé pour mieux accepter qui peut entrer dans notre cercle - c'est le secret ! Parfois, la personne la plus improbable devient au fil du temps notre véritable ami. Tout le monde recherche l'amitié mais devrait constamment se demander si nous répondons à nos propres critères avant de sélectionner des amis avec qui passer sa vie. Comme je l'ai dit à plusieurs reprises tout au long de ce livre, se connaître soi-même est la clé pour connaître les autres - ne négligez pas de relever vos propres défis avant de rejeter des amis potentiels à cause des leurs !

Les humains sont des êtres émotifs qui se soucient peu de la logique ou de la rationalité, ce qui les amène à prendre des décisions davantage fondées sur les émotions que sur leurs facultés de logique et de raisonnement. Cela se reflète dans les reportages des médias ; décrivant ou rapportant souvent des incidents avec des préjugés émotionnels qui pourraient provoquer des réponses similaires de la part du public lorsqu'ils leur sont diffusés.

Un élément important pour comprendre comment les gens réagissent à la persuasion réside dans les émotions. Les émotions fournissent une énergie abondante qui nous permet d'accomplir n'importe quelle tâche à accomplir ; même la vente est déterminée par les stimuli émotionnels générés lors des présentations ; peu importe la logique avec laquelle vous présentez les choses ; en fin de compte, le prospect doit acheter votre produit en raison de ses réponses déclenchées au cours de ces discussions.

D'un autre côté, la logique s'appuie sur des faits et des chiffres ; c'est la justification et le raisonnement derrière tout problème en question. Malheureusement pour les vendeurs qui s'appuient uniquement sur la logique lorsqu'ils vendent des produits et des services ; si leur philosophie repose davantage sur les émotions, les ventes seront plus faciles et plus réussies.

Pensez-vous que les humains sont des êtres rationnels ? Sur la base de quelle logique les décisions et les opinions se forment-elles ? L'humain réagit-il différemment selon les faits constamment présentés ? Ce sont toutes des questions essentielles pour une personne curieuse afin de mieux comprendre comment les émotions et la logique interagissent, influençant positivement les autres humains.
Votre capacité à fournir des informations logiques avec émotion suscitera plus de réponses chez votre public que le simple relais de faits et de logique sans résonance émotionnelle, ce qui n'entraîne inévitablement aucune réponse positive de la part des auditeurs. La raison persuade les hommes tandis que l'émotion motive quelqu'un à prendre des mesures décisives qui donnent d'excellents résultats.

Examinons quelques façons dont vous pouvez influencer les autres grâce à une combinaison d'émotions et de logique, telles que :

Établir une identité commune avec les autres

Une méthode pour contrôler les gens consiste à établir des relations et à trouver autant que possible un terrain d'entente avec eux. Un dicton populaire dit « Il faut deux personnes pour s'emmêler », donc pour influencer quelqu'un, les deux parties impliquées doivent partager des objectifs, des expériences et des idées similaires - de cette façon, cela devient beaucoup plus facile. Les points communs dans les partenariats ou les relations ont tendance à être plus faciles lorsque les personnes partagent des identités similaires plutôt que lorsque les cultures constituent une couche supplémentaire. Lorsque nous créons des similitudes de caractère, nous devenons unis par des buts et des objectifs partagés, le soutien émotionnel les uns des autres, la logique des croyances partagées, la vision collective partagée, la mission devient réalité.

Explorer en profondeur le système de croyance de votre partenaire

On ne peut pas avoir une relation profonde ou mutuellement satisfaisante avec quelqu'un qu'on ne comprend pas pleinement en termes de traits de personnalité et d'autres tendances psychologiques nécessaires. Cependant, en étudiant en profondeur leur système de croyances, vous pourrez mieux les comprendre et les influencer progressivement à votre avantage.

À la recherche de moyens de reconnaître leurs préjugés

Il est souvent difficile d'influencer quelqu'un ayant des convictions différentes, quelle que soit la qualité de votre logique. Recherchez plutôt des stratégies efficaces pour faire appel à ses préjugés en jouant efficacement la carte des préjugés. Comment peux-tu faire ça? En l'engageant directement sur ces questions.
Pour attirer quelqu'un, il faut découvrir ses idées et ses points préférés, puis les présenter. Avec cette approche, votre cible se sentira détendue en votre présence et donnera plus probablement accès à sa vie privée.

Éviter le combat ou la fuite dans vos discussions

Influencer les gens en utilisant la logique et l'émotion fonctionne mieux lorsque les réunions et les discussions se déroulent sans cas de comportement de lutte ou de fuite, tels que des conflits et des malentendus dans les relations qui conduisent à des fuites ou à des bagarres. Dans de tels moments, la rationalité est mal interprétée, les objectifs ne sont plus atteints et les arguments ne peuvent progresser dans une atmosphère de lutte ou de fuite.

L'objectif d'un manipulateur expert est de nouer une relation malsaine à long terme avec sa cible et de maintenir un contrôle total sur elle, ce qui ne profitera qu'à lui-même. Un partenariat efficace nécessite un soutien égal entre ses participants. Si l'un des partenaires semble toujours offrir plus, cela pourrait être un signe révélateur que votre conjoint n'est peut-être pas honnête quant à ses intentions dans votre relation. La manipulation psychologique se produit lorsqu'une partie tente de créer un déséquilibre de pouvoir dans le but de profiter d'une autre personne. La manipulation peut se manifester de diverses manières, mais le point commun entre toutes est qu'un individu, le manipulateur, en bénéficiera tandis qu'un autre individu - généralement connu sous le nom de victime - ne peut pas subir de préjudice. Certaines personnes s'engagent dans des relations sans se rendre compte qu'elles sont entrées dans des relations toxiques. À première vue, leur partenariat peut sembler inoffensif sans aucune indication que du stress et des complications ultérieures les attendent face au manipulateur. Les méthodes de coercition comme celle-ci permettent aux manipulateurs d'atteindre et de prendre le contrôle de leur cible sans la connaître personnellement. Naturellement, les relations ne commenceraient pas par un drame ou par des tactiques d'autonomie épuisantes de la part d'un manipulateur ; au départ, leur objectif les verrait aller dans une toute autre direction ; avec le temps, ce type d'approche peut devenir efficace à mesure que le temps passe.

Les comportements initiaux de recherche d'attention ne leur poseront probablement aucun problème ; cependant, lorsque leur objectif devient profondément personnel et important pour eux deux, cela peut constituer un obstacle au progrès.
À ce stade, le manipulateur commence à modifier ses stratégies. Ce changement ne se fera pas du jour au lendemain mais pourra prendre plusieurs semaines afin d'atteindre les objectifs à temps. À ce stade, ils se sont peut-être tellement concentrés sur le maintien et le renforcement du mariage que tout problème ou abus est peut-être plus facilement négligé qu'auparavant.

De toute évidence, certains indicateurs indiquent que quelqu'un est un manipulateur dans votre relation. Il est sage de vérifier ces signaux si vous soupçonnez qu'un membre de votre mariage peut être venimeux et causer des problèmes ou être potentiellement utilisé par des forces extérieures comme influenceur ou manipulateur :

Les manipulateurs vous encourageront à sortir de votre zone de confort de diverses manières, en utilisant la pression sociale, la force physique et la manipulation psychologique comme des armes pour détourner vos intérêts de ce qu'ils devraient poursuivre. Ils deviennent ceux qui contrôlent et veillent à ce que leurs intérêts divergent les uns par rapport aux autres. Ils deviennent ceux qui ont du pouvoir sur vous tout au long de ce voyage.

Dès que votre confiance commence à décliner, la manipulation devient plus facile pour quiconque tente de profiter de vous. Notre confiance nous est rapidement retirée, car les manipulateurs en profitent rapidement en nous faisant sentir moins que bien et en utilisant nos faiblesses à des fins personnelles.

Traitement secret. Dans cette technique, on prend n'importe quel petit affront de la part de son manipulateur et on l'amplifie pour se créer une situation désagréable et menacer son objectif. Nous utilisons un traitement silencieux en fournissant des alertes par e-mail, des notifications de messagerie vocale, des SMS et des e-mails jusqu'à ce que nous y mettions enfin fin lorsque cela est nécessaire. Parvenir à tout garder sous contrôle tout en sachant quand le traitement du silence est terminé ne peut qu'engendrer davantage de problèmes pour eux-mêmes et pour toutes les personnes impliquées.

Voyage de remords. Personne n'aime se sentir responsable, alors lorsque nous ressentons de la culpabilité, nous faisons de notre mieux pour l'atténuer le plus rapidement possible. Un manipulateur le sait bien et utilisera toutes les excuses qu'il trouvera pour expliquer ses actions.
Les mariages malsains s'enlisent souvent dans des conflits non résolus qui restent non résolus pour diverses raisons, sans aucun contact entre les partenaires et sans aucune intention du manipulateur de résoudre intentionnellement les conflits. Si tel est votre cas, il serait probablement plus facile et préférable de faire semblant de penser que le dialogue a commencé ou terminé au lieu de travailler en collaboration pour résoudre ce problème.

Nous pouvons désormais comprendre que cette approche du mariage n'est pas idéale. Personne ne veut se sentir piégé dans une relation dans laquelle un autre individu semble toujours avoir le contrôle de nos vies et prend des décisions à notre place, plutôt que nos vies soient gérées de manière indépendante par nous-mêmes. Donc, sans profiter pleinement de nous-mêmes, nous devons trouver quelqu'un pour soutenir cette stratégie sans que nous profitions de nous-mêmes. Cependant, avant d'aller trop vite, nous devons d'abord répondre à quelques questions clés pour déterminer si notre conjoint peut effectivement être manipulateur. Dès que nous aurons parcouru ce guide, vous devriez avoir une meilleure idée si votre amitié est coercitive ou non. Certaines mesures que vous pouvez prendre pour vous protéger consistent à reconnaître vos droits si l'un de ces partenariats se produit. Comme les amitiés peuvent se développer avec le temps, il peut devenir difficile de se rappeler comment se défendre lorsque ses besoins ont été ignorés par un manipulateur. Vous ne devez jamais oublier que vos droits fondamentaux doivent toujours être respectés et doivent toujours être respectés. Diverses libertés s'offrent à vous, comme respecter les autres, exprimer librement ses opinions et ses désirs, se fixer des objectifs personnels sans se laisser influencer par autrui et dire non aux autres. De plus, avoir des opinions différentes de celles d'une autre personne peut garantir une sécurité psychologique, mentale et émotionnelle et permettre de vivre une vie épanouissante indépendamment d'une autre personne si on le souhaite.

Ces privilèges peuvent vous être retirés à long terme par des manipulateurs. En maintenant des contrôles qui permettent une prise de décision efficace et en agissant en fonction de ce qu'ils déclarent, ces avantages contribuent à maintenir les contrôles. Mais avant de vous retrouver à nouveau dans une situation, n'oubliez pas d'anticiper. Lorsque vous en êtes confronté, soyez attentif. Prenez vos propres conseils au sérieux lorsque vous dénoncez une figure d'autorité qui veut que vous agissiez contre son gré. Récupérez vos libertés, respirez profondément lorsque vous parlez à un ami manipulateur et essayez. Vous seul êtes le maître de votre vie ; alors reste à l'écart. Rester à l'écart est la clé lorsqu'on a affaire à des amis manipulateurs - faites tout ce qu'il faut pour rester à l'écart ! Les garder à distance est souvent la meilleure pratique. Si c'est trop tard, essayez au moins de créer un espace entre vous deux. Leur donner une autre opportunité d'en apprendre davantage sur vous, d'évaluer vos vulnérabilités et d'élaborer des plans pour exploiter toute rencontre future avec une personne malhonnête ne fait que leur donner plus de chances de profiter de vous et d'exploiter vos projets futurs. Se tenir à l'écart des individus malhonnêtes est la première et la seule défense efficace. Lorsque vous ressentez une incitation au changement, prenez la voie inverse. Notez que les manipulateurs tentent de vous faire sentir mal, dans le but de vous réunir et de vous utiliser à nouveau à leur avantage. Il serait dans votre intérêt de rester à l'écart de ces personnes ; ne tombez pas dans leur piège en vous apitoyant sur votre sort ou en soutenant leur cause.

Un aspect supplémentaire du comportement des manipulateurs consiste à exploiter vos vulnérabilités. Une fois qu'ils connaissent vos vulnérabilités, ils peuvent les exploiter pleinement contre vous - vous laissant un sentiment d'inadéquation, vous punissant souvent pour la confusion causée par elles, ce qui rend facile de vous blâmer et souvent de vous punir constamment à mesure que leur punition s'accumule. Ils savent que cela leur permettra de garder le contrôle le plus longtemps possible en changeant continuellement les objectifs afin de ne jamais atteindre les normes que vous avez fixées – créant une confusion inexcusable qui leur permet de continuer à atteindre leurs destinations prévues.

Ne laissez pas cette manipulation se poursuivre. Nous cherchons à vous utiliser et à vous blâmer pour toutes les lacunes possibles afin que vous continuiez à vous sentir mal et que vous cherchiez leur validation afin de vous sentir mieux. Méfiez-vous des affirmations du manipulateur selon lesquelles tout ce blâme incombe à vous seul — rien de tout cela ne relève vraiment de votre responsabilité ; tout est fait simplement pour que vous vous sentiez encore plus mal.

Rendre l'entreprise et vos privilèges plus susceptibles de donner, savoir pourquoi et apprendre à dire non diminuera le contrôle du manipulateur sur vous. Savoir pourquoi oui et apprendre à dire non sont des droits fondamentaux dont nous avons parlé plus tôt, mais nombreux sont ceux qui ne parviennent pas à les exprimer au quotidien. Savoir quand c'est votre heure signifie plus de contrôle pour toutes les personnes impliquées ! Savoir quand c'est votre tour nécessite un certain apprentissage si vous voulez éviter de faire partie de leur schéma de manipulation. Savoir pourquoi oui signifie oui mais apprendre à dire non si nécessaire. L'objectif des manipulateurs de partenariat est toujours de dire oui malgré les informations et les stratégies qu'ils utilisent sur vous si cela les met à l'aise de dire oui lorsque les choses n'ont pas besoin d'être exprimées - la compréhension de ce droit fondamental doit être approfondie car ce droit fondamental peut être négligé sur de nombreux fronts lorsqu'on parle. n'est pas suffisamment pris en considération ou pratiqué quotidiennement, soit par le biais de techniques de manipulation, soit en ne parvenant pas à le communiquer pleinement au quotidien en cas de besoin.

Si nous craignons de blesser quelqu'un et craignons que son attitude ne change si nous lui refusons de l'aide, dire oui peut souvent nous faire pleurer - il faut beaucoup de courage pour dire oui à quelqu'un d'autre ! Malheureusement, cela arrive presque régulièrement. Imaginez avoir affaire à un manipulateur. Savoir comment s'affirmer contre eux peut être un défi au début, mais savoir comment dénoncer efficacement leur manipulation vous redonnera du pouvoir sur votre situation. Cette décision ne plaira pas à tout le monde et vous devez vous battre pour conserver votre indépendance. Dire « non » sans ressentir aucun regret permettra d'avoir un mode de vie globalement plus libre et plus sain ; être dans des relations toxiques ne devrait jamais être considéré comme quelque chose de positif. S'associer avec des manipulateurs implique d'entrer dans une relation qui dépend de la satisfaction de leurs besoins, avec des pertes potentielles pour les deux parties à terme. Malheureusement, être entraînés à penser de cette façon les fait ignorer qu'ils s'engagent dans de telles relations jusqu'à ce qu'il soit trop tard. La première étape pour résoudre toute crise conjugale devrait être d'apprendre à repérer les signes de tromperie, de coercition ou d'autres difficultés qui pourraient tourmenter votre relation. Se marier demande du temps et du courage, d'autant plus que son objectif principal a longtemps été de renforcer la confiance et l'estime de soi dans les moments difficiles. Mais lorsque tout se déroule avec succès et que la cible réalise enfin son rêve, les récompenses peuvent être substantielles.

Apprenez où vous en êtes et renforcez-le ; alors vous verrez peut-être que la vie change sans avoir à utiliser une source extérieure pour le faire à leur place.

Persuasion Lorsque les gens tentent de comprendre ce que signifie « persuasion », leurs réponses varient souvent considérablement. Alors que certains peuvent se tourner vers des publicités ou des publicités qui encouragent les consommateurs à privilégier certains produits ou services plutôt que d'autres, d'autres peuvent se tourner vers des politiciens qui tentent de faire changer d'avis les électeurs afin de gagner un vote supplémentaire aux urnes - les deux exemples servent l'objectif. de persuasion. Les deux formes sont des exemples valables dans la mesure où ces messages tentent de changer la perception des gens sur les sujets en discussion.

La persuasion obscure diffère de la persuasion normale dans la mesure où ses motivations ne profitent pas toujours à ceux qui sont persuadés ; Les persuaseurs normaux tentent de persuader pour le bien de ceux qui sont convaincus, tandis que les persuaseurs sombres recherchent souvent des motivations lucratives qui ne sont pas toujours bénéfiques à ceux qui sont persuadés. Un persuasif sombre doit acquérir une connaissance et une compréhension complètes de la personne qu'il souhaite influencer afin d'identifier ce qui le motive le plus efficacement avant de s'engager dans un comportement de persuasion ou de persuasion de la part de cette personne avant de poursuivre avec des tactiques ou des tactiques de persuasion, le cas échéant.

Bien que la persuasion ait toujours des ramifications morales, les sombres persuadeurs ont tendance à ne pas trop s'en soucier. Tout en en étant conscients, ils restent concentrés sur l'atteinte de leur(s) objectif(s).

La persuasion est un phénomène psychologique quotidien. Vous pouvez soit persuader quelqu'un d'autre, soit être persuadé, la motivation étant la clé. La persuasion joue un rôle important dans les médias, la politique, la publicité et les décisions juridiques – son efficacité étant déterminée par diverses méthodes utilisées pour persuader qui influencent son sujet.

La persuasion se distingue comme une forme distincte et essentielle de contrôle mental du lavage de cerveau et de l'hypnose, toutes deux nécessitant l'isolement du sujet afin de modifier son esprit et son identité ; la persuasion ne nécessite pas l'isolement dans le cadre de sa méthodologie.

Pour atteindre les objectifs souhaités, la manipulation est utilisée contre des sujets individuels ; la persuasion peut également être utilisée sur un individu ; cependant, une manipulation à grande échelle pourrait potentiellement modifier les croyances et les décisions de sociétés entières, voire de communautés.

La persuasion peut être plus efficace pour changer les mentalités que la manipulation directe, car elle a la capacité d'influencer plusieurs individus à la fois.

De nombreuses personnes font l'erreur de croire qu'elles sont immunisées contre la persuasion, car elles pensent qu'elles seront toujours capables de comprendre chaque argumentaire de vente qui leur est présenté et d'utiliser la logique pour parvenir à une conclusion appropriée.

Les gens ne succomberont pas toujours à tous les arguments présentés, surtout si la logique est utilisée. De plus, la persuasion peut ne pas s'imposer si un argument ne correspond pas bien aux convictions de quelqu'un, malgré la force de son partisan.

Mais il y a des gens qui savent utiliser des messages persuasifs pour persuader les autres d'acheter de nouveaux gadgets ou produits sur le marché. Leur persuasion subtile passera souvent inaperçue par sa cible, ce qui rend difficile pour elle de se forger une opinion sur les informations qui lui sont fournies.

Chaque fois que la persuasion est évoquée, on a tendance à l'associer à des associations négatives telles que des escrocs ou des vendeurs essayant de vous convaincre que changer de point de vue leur sera bénéfique et pousse jusqu'à ce que ce changement ait lieu.

La persuasion peut être utilisée à la fois pour le bien et pour le mal ; la persuasion dans les ventes et les pratiques d'escroquerie en sont deux exemples, la persuasion étant utilisée dans les deux sens ; par exemple entre organismes internationaux ou dans le cadre de campagnes de service public utilisant la persuasion dans le cadre d'accords diplomatiques et de campagnes pour de bonnes causes, qui sont respectivement des exemples de persuasion obscure utilisée efficacement et pour un effet positif. Tout dépend de la manière dont ce processus de persuasion est mis en œuvre.

Lorsqu'ils cherchent à faire changer d'avis quelqu'un par la persuasion, ils auront besoin d'outils et de stratégies pour réussir la mise en œuvre des techniques de persuasion afin de réussir.

Chaque jour qui passe présentera à leur cible différentes formes de persuasion. L'objectif des fabricants de produits alimentaires sera de convaincre leur cible d'essayer leurs nouvelles recettes ou de continuer avec les anciennes ; les studios peuvent y annoncer leurs derniers films à succès directement.

Quel que soit le produit qu'ils vendent, leur objectif principal est d'augmenter les ventes ; d'où leurs tentatives de persuasion. Bien qu'ils ne réfléchissent pas à l'impact direct que cela aura sur vous, ils doivent donc utiliser des techniques de persuasion subtiles afin de ne pas alerter ou contrarier les clients potentiels. Comme plusieurs marques peuvent également tenter de vous convaincre, chacune doit trouver sa propre façon de convaincre ses téléspectateurs de son point de vue.

En raison de l'effet considérable de la persuasion, ses techniques sont étudiées depuis l'Antiquité. L'influence est un atout inestimable qui peut être exploité par n'importe qui dans de nombreuses circonstances et cultures différentes.

À partir du début du XXe siècle, les études formelles sur les techniques de persuasion ont commencé à gagner du terrain. N'oubliez pas que la persuasion implique de faire valoir un argument qui convainc un public et de lui faire accepter ce message comme sa nouvelle façon de vivre sa vie.
Il existe donc un immense besoin de découvrir des techniques de persuasion efficaces.

Il existe trois techniques de persuasion obscure qui ont fait leurs preuves au fil du temps et nous en discuterons dans cette section.
Créer un besoin
Une stratégie efficace pour persuader quelqu'un de changer de point de vue ou de mode de vie consiste à créer ou à capitaliser sur un besoin qui existe déjà pour cet individu, de préférence de manière à ce qu'il soit attrayant et désirable pour lui. Si elle est appliquée de manière efficace et appropriée, cette tactique pourrait donner lieu à un grand succès auprès de la cible visée.

Les persuadeurs doivent s'adresser à ce qui compte le plus pour leur public cible afin de réussir à convaincre - comme réaliser des rêves ou accroître l'estime de soi - ou fournir un abri, de l'amour ou de la nourriture.

Cette approche fonctionne toujours bien car elle suppose que tout sujet nécessite une forme d'aide sous une forme ou une autre - en d'autres termes, il n'y a personne dans le besoin qui ne rêve et n'aspire à quelque chose dans la vie - le persuaseur doit simplement trouver des moyens par lesquels ils peuvent aider la victime à réaliser ses rêves plus rapidement et plus efficacement.

Les persuadeurs convainquent souvent leur cible qu'apporter certains ajustements à leurs croyances ou à leur point de vue les aidera à réaliser leurs rêves plus rapidement, augmentant ainsi les chances de succès.

Exemple : Un jeune homme à la recherche de relations intimes peut promettre à une femme qu'il l'aidera à améliorer ses notes et enfin rendre ses parents fiers en obtenant un A, mais seulement si elle devient son amie. Même si cette dame peut croire que ce jeune homme se soucie vraiment de ses résultats scolaires, en réalité, il ne se soucie peut-être que de se rapprocher d'elle et de l'engager sexuellement - les universitaires n'étant qu'une excuse pour davantage de rencontres sexuelles !
Appel aux besoins sociaux
Les persuadeurs peuvent utiliser une autre tactique de persuasion : identifier les besoins sociaux de leur cible. Même si cette technique n'apporte pas de résultats immédiats, elle reste néanmoins un atout inestimable dans leur boîte à outils.

Les personnes ayant une affinité pour les foules et recherchant l'attention ont tendance à se tourner naturellement vers elles, recherchant l'acceptation en se joignant à des groupes ou en ayant des objets spécifiques comme symboles de statut qui leur donnent le sentiment d'appartenir à une classe supérieure.

En faisant appel à leurs besoins sociaux, de nombreuses publicités télévisées réussissent à attirer les décisions d'achat des téléspectateurs afin qu'ils ne « manquent rien ». Lorsque les annonceurs peuvent identifier et répondre aux besoins sociaux spécifiques d'une cible, cela peut ouvrir de nouveaux domaines d'intérêt pour cette personne particulière.
Mots et images utilisés comme signaux chargés

Pour persuader quelqu'un, les mots comptent beaucoup et doivent être choisis avec soin car chacun peut avoir des impacts différents. Il peut y avoir de nombreuses façons de dire la même chose, mais une approche peut s'avérer plus puissante qu'une autre.

La persuasion nécessite de savoir quand et comment dire les bons mots au bon moment ; les mots sont toujours des outils de communication clés et connaître les mots d'appel à l'action appropriés est primordial pour réussir à convaincre.

La persuasion obscure est l'un des outils les plus puissants de la psychologie noire, mais elle est souvent sous-estimée et négligée. Cela est peut-être dû au fait que la persuasion est une tentative unique de contrôle mental ; contrairement à ses alternatives qui forcent la soumission d'une cible réticente sans sa participation ; Cependant, contrairement à la persuasion, les décisions ciblées restent ouvertes, leur interférence étant limitée et parfois isolée pour influencer les résultats du processus.

La persuasion fonctionne mieux lorsque toutes les cartes sont mises à nu (bien qu'avec des intentions cachées dans la persuasion obscure) afin que sa cible puisse prendre la décision qui sert le mieux ses intérêts.

Bien que le lavage de cerveau puisse faire référence au changement des pensées et des croyances des autres contre leur volonté ou sans leur consentement, sa véritable définition est plus large ; cela implique toute tentative systématique de coercition et de persuasion utilisée pour modifier les attitudes d'un individu ou modifier ses comportements afin de modifier les modèles de comportement et de modifier les résultats comportementaux.

Des tactiques de lavage de cerveau sont utilisées depuis longtemps dans le cadre de programmes d'endoctrinement politique pour amener les gens à changer leurs croyances sur la politique ou les doctrines religieuses, en particulier au sein des groupes sectaires. Principalement, le lavage de cerveau fonctionne en remplaçant les croyances de la victime par celles préférées par son ravisseur et adaptées à l'environnement dans lequel elle existe.

Le lavage de cerveau consiste à priver un individu de toute liberté, indépendance et pouvoir de décision ; perturber ses habitudes et son comportement quotidiens de manière à exiger une obéissance totale à l'autorité de son ravisseur dans tous les aspects. Le lavage de cerveau comprend souvent des abus physiques ainsi que des menaces de blessures ou de mort si nécessaire ou d'emprisonnement à vie avant d'inculquer de nouvelles croyances comme moyen acceptable pour une vie éclairée.

Les techniques de lavage de cerveau visent à cultiver une confiance enfantine entre la victime et son ravisseur, les victimes étant encouragées à avouer des crimes passés ou à commettre des erreurs absurdes ou insignifiantes, de peur de paraître coupables avant même que les autres aient eu le temps de subir eux-mêmes un lavage de cerveau. Si d'autres ravisseurs ont également subi un lavage de cerveau avant eux, ces individus pourraient contribuer à renforcer ce processus en critiquant et en montrant leur mécontentement face à ce que la victime a fait ou n'a pas fait devant d'autres membres de la société.
Une fois le lavage de cerveau installé, les ravisseurs commencent à recevoir des approbations et des récompenses pour leurs actes. REGARDEZ CETTE VIDÉO POUR SAVOIR COMMENT LE LAVAGE DE CERVEAU peut faire partie de la psychologie sombre

La psychologie sombre se produit lorsqu'une personne utilise des tactiques de lavage de cerveau pour influencer une autre personne contre sa volonté et la manipuler ou l'influencer contre sa volonté. Nous possédons chacun le libre arbitre, ce qui signifie que nous devons prendre nos propres décisions, nous associer librement et choisir avec qui nous nous associons librement ; lorsque cette liberté est supprimée par la force ou la coercition, cela constitue une psychologie sombre.

Les personnes engagées dans des relations abusives sont susceptibles de subir un lavage de cerveau. Un mari peut interdire à sa femme de socialiser avec certains amis sous prétexte qu'ils pourraient avoir une influence néfaste - alors qu'elle devrait prendre sa propre décision à ce sujet à mesure qu'elle grandit. Ou pire, forcer son partenaire à ne pas porter certains types de vêtements en prétendant qu'ils ne sont pas attrayants afin qu'il puisse mieux le contrôler.

Vivre avec un partenaire violent est à la fois déroutant et épuisant, ce qui rend souvent la vie plus compliquée pour toutes les personnes impliquées. Ils vous blâmeront et vous manipuleront pour des choses qui n'ont jamais été de votre responsabilité ; pour conserver leur satisfaction, vous pouvez vous éloigner de votre famille et de vos amis, changer votre façon de vous habiller ou vos opinions politiques ; tout tourne autour d'eux contre vous.

Une relation abusive se produit lorsqu'un partenaire utilise des tactiques de lavage de cerveau pour manipuler et contrôler son partenaire. En conséquence, ils deviennent dépendants d'eux pour des décisions simples comme choisir le dîner. Leur vie tourne uniquement autour du fait de rendre leur partenaire heureux à tout prix ; et ce qui constitue l'amour ou la manière dont il doit être exprimé est déterminé uniquement par eux - qui décident alors exactement de ce qui devrait constituer le bonheur à leurs dépens et vice versa. Leur agresseur est alors responsable de définir l'amour tel qu'il s'exprime à travers lui ainsi que tout ce qui ne va pas dans la vie de la victime - de ce qui doit être amélioré ou même de la manière dont il doit agir en conséquence et de ce qui constitue des comportements appropriés conformément à ce que définit son partenaire violent. l'amour doit être exprimé et définir tout ce qui concerne la vie de cette victime comme tel - et ce que veut exactement cet agresseur en termes de comportement en fonction de la façon dont on devrait se conduire et quels comportements constitueraient la pertinence de cette relation.

La maltraitance prend de nombreuses formes ; le plus souvent par le biais de violences émotionnelles, psychologiques et physiques. Une fois à leur portée, les victimes ne peuvent souvent pas y échapper.
Un partenaire violent trouve rapidement des moyens de rabaisser son partenaire avec des remarques et des insultes dégradantes, afin de maintenir le lavage de cerveau et les abus. Pour leur propre survie psychologique, il y aura parfois des périodes où leur agresseur s'arrêtera et fera preuve de gentillesse envers sa victime - créant des liens traumatisants qui donneront envie à la victime de rendre son agresseur heureux afin d'être traitée avec chaleur et gentillesse en retour.

Le lavage de cerveau relève de la psychologie sombre, car la victime se retrouve piégée dans sa propre vie. Un partenaire contrôlant dans une relation peut refuser des ressources telles que des voitures, de l'argent ou de la nourriture à son partenaire, le transformant en un prisonnier au sein de sa maison, provoquant en lui la peur et modifiant sa perception du monde qui l'entoure.

La vie des victimes soumises à un lavage de cerveau est consumée par l'idée de plaire à leur agresseur, même sans que des violences physiques ne soient commises à leur encontre. Même sans violence physique, leur vie continue dans l'ombre de la présence de leur agresseur ; en conséquence, des effets psychologiques tels que les troubles anxieux et la dépression apparaissent souvent comme symptômes.
Le processus de lavage de cerveau en bref

Le lavage de cerveau est une approche systématique visant à dépouiller une personne de son identité, à modifier ses croyances, ses attitudes et ses valeurs tout en modifiant également ses processus de pensée. Les manipulateurs utilisent diverses étapes ou étapes comme outils de lavage de cerveau de leurs victimes.

Culpabilité
Dans une relation, les manipulateurs choisiront constamment des arguments dans lesquels leurs victimes apparaissent comme les malfaiteurs, les faisant se sentir coupables de chaque désaccord et les amenant à éprouver de la honte pour tout - c'est la première étape du lavage de cerveau d'une personne.

Auto-trahison
Être obligé de dénoncer sa famille et ses amis détruit l'estime de soi tout en augmentant le sentiment de culpabilité ; ces sensations servent à se libérer de leur passé tout en créant un espace pour créer une nouvelle identité.

Point de rupture
Lorsque les victimes d'agressions physiques, verbales et psychologiques ont le sentiment de s'être trahies et de culpabiliser, elles peuvent atteindre le point de rupture et s'effondrer émotionnellement et psychologiquement. Pleurer de manière incontrôlable et souffrir de crises d'angoisse peuvent être des signes que quelque chose s'est déchaîné en eux ; psychologiquement, ils ont peur de se perdre complètement et vivent dans la peur constante de se perdre complètement.

Juste au moment où une victime se sent impuissante face à elle-même, un oppresseur lui offre de la gentillesse comme un répit face à l'agression contre qui elle est. Dans de tels moments de lumière émergeant là où régnait l'obscurité, les victimes ressentent

une profonde gratitude envers leurs agresseurs - un geste intentionnel de leur
agresseur avant de s'en prendre à nouveau à eux.
À une époque où les victimes sont reconnaissantes envers leur agresseur de les avoir
aidées à se mettre en sécurité, le côté le plus dur de son traitement semble souvent
plus grave. Ils peuvent avoir le sentiment qu'ils doivent quelque chose en retour et se
sentir obligés de lui rendre sa gentillesse - souvent en avouant leurs erreurs perçues
pour atténuer toute culpabilité qu'ils pourraient ressentir.

Canaliser la culpabilité

Les sentiments de culpabilité et de honte ressentis par la victime seront probablement
compliqués par une atteinte accrue à son identité, la laissant incertaine des actions ou
des décisions qui l'ont amenée à croire qu'elle a commis un acte et à croire qu'elle doit
en assumer la responsabilité. Dès que l'agresseur perçoit que la culpabilité existe en lui,
il l'utilise pour lui-même, généralement en convainquant la victime qu'elle a mené une
vie remplie de mauvaises décisions et d'idéologies ; suggérant plutôt de s'ouvrir à de
nouvelles perspectives pour changer.

Déshonneur logique Une victime croit souvent que sa culpabilité repose sur des
idéologies imposées de l'extérieur ; les enseignants et les idéologies deviennent la cible
du blâme au lieu d'être témoins d'une quelconque manipulation. Les aveux deviennent
un moyen de soulager la culpabilité, car l'individu rejette mentalement tout acte
commis dans le cadre de ces «mauvaises» idéologies - s'en éloignant ainsi
symboliquement et, ce faisant, discréditant complètement ces perceptions d'une
mauvaise idéologie.

Progrès et Harmonie

Le rejet des vieilles idéologies crée une opportunité de progrès et d'harmonie, puisque
ceux qui s'y opposent doivent désormais rechercher des points de vue alternatifs pour
les remplacer. Si ceux-ci semblent compatibles et adaptés à leurs besoins, le processus
s'accélère considérablement – apportant la paix à la place. À ce stade, le calme règne,
remplaçant tout inconfort.
En guise de punition, les personnes capturées ont été soudainement traitées comme
des héros et des individus au bon cœur sont acceptés comme substituts pour
remplacer les idées pécheresses de leur ancienne idéologie.

Admission définitive et renaissance

Dès qu'ils ont été confrontés au contraste saisissant entre la douleur passée et les
promesses futures présentées par leur nouvelle idéologie, la victime a complètement
abandonné toute allégeance à l'ancienne idéologie en révélant tous les secrets restants ;
c'est à ce moment-là qu'ils s'approprient pleinement leur nouvelle idéologie.

La renaissance fait référence à ce processus et, selon l'idéologie de chacun, peut inclure des rites de passage qui scellent complètement l'individu dans son nouvel ordre. Cela peut impliquer des déclarations fortes prononcées à haute voix pour l'acceptation de nouvelles idéologies et le fait de prêter allégeance à de nouveaux dirigeants.

Lavage de cerveau : explorer son impact

Le lavage de cerveau, comme expliqué précédemment, implique de modifier les schémas de pensée, les croyances et les attitudes d'une personne afin de contrôler son comportement et d'en prendre le contrôle. Cette pratique se produit souvent au profit des manipulateurs mais peut avoir des répercussions dévastatrices ; Il existe diverses formes d'impact que le lavage de cerveau peut avoir, telles que :

Le lavage de cerveau a un impact dévastateur sur l'estime de soi de la victime. Ils ont le sentiment qu'ils ne sont pas à la hauteur et que rien de ce qu'ils font n'est assez bien, ce qui les conduit sur la voie du suicide ou de la dépression.

Troubles anxieux – Une personne soumise à un lavage de cerveau perd souvent son sentiment d'identité et s'isole de ses proches. Contraintes de changer de ce qu'elles étaient auparavant, les victimes deviennent constamment soucieuses de ne pas faire la mauvaise chose et peuvent développer des troubles anxieux qui ont un impact sur leurs comportements extérieurs.

Dépression - Les victimes du lavage de cerveau ont tendance à s'isoler de leurs proches et du monde en général, leur objectif étant uniquement de plaire à leur ravisseur et de recevoir toute la gentillesse qu'ils offrent en retour. Sans personne à qui parler et leurs sentiments ignorés par tout le monde autour d'eux, la dépression peut s'installer, entravant les relations avec les autres.

Manque d'estime de soi - Les abus constants de leur ravisseur et les critiques suffisent à amener leur victime à croire qu'elle n'a aucune valeur et à craindre de prendre des décisions parce qu'on lui a appris qu'elle n'en est pas digne.

Vivre dans la peur - Les laveurs de cerveau utilisent des tactiques de peur pour influencer leurs victimes, leur faisant craindre que quelque chose de mauvais les attend au coin de la rue et que la vie en général soit dangereuse et hostile. Leur victime vit avec cette inquiétude constante que toute personne puisse présenter un danger si elle s'aventure à l'extérieur, tandis que les ravisseurs menacent de conséquences contre leur victime si elle ne fait pas ce que leur ravisseur exige.

Changement de croyances – l'objectif principal du ravisseur est de façonner les croyances de ses victimes afin de contrôler leur comportement et de les garder sous leur coupe. Peu importe si leur croyance était éthique ; tant que cela contredisait ses idéologies ou ses croyances, cela ne suffisait pas.

En fonction de l'intention de leur ravisseur ou de leur agresseur, le lavage de cerveau a des impacts différents sur les victimes selon son application. Par conséquent, il est essentiel d'identifier toutes les techniques et astuces utilisées par les délinquants potentiels pour éviter de devenir la proie des techniques de lavage de cerveau utilisées par les praticiens de la psychologie noire. Vous trouverez ci-dessous quelques techniques couramment utilisées lors des séances de psychologie sombre.

Le lavage de cerveau se produit lorsque des individus ou des groupes utilisent des tactiques sournoises pour influencer et persuader les autres contre leur gré de changer leurs croyances sans leur consentement, souvent en utilisant des techniques psychologiques telles que la psychologie noire. Les techniques d'influence et de persuasion utilisées contre leur gré sont également connues sous le nom de tactiques de lavage de cerveau, car elles impliquent des tactiques sournoises utilisées par un individu ou un groupe pour tenter de laver le cerveau d'un autre. Alors que les gens font l'expérience de la persuasion tous les jours, lorsque cela devient un changement forcé sans consentement, cela devient un lavage de cerveau et des tactiques de psychologie sombre commencent à être employées contre eux. Cela peut inclure un certain nombre de tactiques employées contre leurs victimes par différentes parties, notamment :

Isolement – la première étape du lavage de cerveau consiste généralement à isoler la victime de sa famille et de ses amis. En l'isolant complètement de la société, le manipulateur souhaite que sa victime n'ait personne à qui parler de ses tactiques de manipulation ; sinon, leur autorité serait contestée par des tiers, donnant à leur adversaire plus d'informations provenant de sources diverses qu'eux-mêmes.

Attaque de l'estime de soi - Lorsque les victimes sont isolées, les manipulateurs ont plus de facilité à les briser et à les reconstruire conformément à leurs désirs. Toutefois, pour qu'un lavage de cerveau réussisse, les victimes doivent d'abord se sentir inférieures au manipulateur, ce qui implique souvent le ridicule, l'intimidation ou les moqueries de la part de ce dernier, ce qui diminue encore davantage l'estime de soi des victimes qui se sentent complètement vulnérables avant de devenir elles-mêmes des victimes.

Abus mental - Les manipulateurs ont souvent recours à la torture psychologique afin de laver le cerveau de leurs victimes, par exemple en mentant à leur sujet devant d'autres pour les faire passer pour des idiots, ainsi qu'en harcelant ou en privant leurs victimes de tout espace personnel afin qu'elles se sentent piégées par elles. .

Violence physique – Les manipulateurs utilisent diverses méthodes physiques pour soumettre leurs victimes et les influencer, notamment en les privant de nourriture ou d'accès à des sources d'eau.
Les manipulateurs privent souvent leurs victimes de sommeil en recourant à la violence contre elles, en les privant de nourriture et en gardant la pièce froide. Un manipulateur peut également employer des moyens subtils pour laver le cerveau de ses victimes ; comme maintenir des niveaux de bruit élevés, avoir des lumières vacillantes constamment ou modifier délibérément la température ambiante.

Musique répétitive – Selon des études, jouer des rythmes répétitifs peut induire un état hypnotique chez les gens. Un manipulateur qui comprend cette technique peut utiliser cette tactique contre sa victime. Le rythme de la musique peut modifier la conscience jusqu'à ce que son manipulateur puisse utiliser cette tactique et parler directement à votre subconscient, amenant ainsi votre cerveau à répondre immédiatement avec de nouvelles suggestions, modifiant ainsi automatiquement son comportement.

Le contact n'est autorisé qu'avec d'autres individus soumis à un lavage de cerveau - Le manipulateur permet uniquement à sa victime d'avoir des contacts avec d'autres victimes de sa campagne de manipulation, dans l'espoir que la pression des autres victimes persuade sa cible de se soumettre à sa nouvelle façon de penser. Se sentant seules et isolées, les victimes ont tendance à tenir compte des suggestions des autres afin de se sentir acceptées et moins seules.

Nous contre eux - Lorsque les manipulateurs introduisent une dynamique Nous et Eux, il semble qu'ils donnent à leur victime le choix entre eux-mêmes et des ennemis perçus ; le tout dans le but d'obtenir d'eux une obéissance totale. Après avoir montré les aspects négatifs des autres, les manipulateurs s'attendent à ce que leur victime se sélectionne plutôt qu'elle plutôt qu'elle choisisse les autres plutôt qu'elle-même.

Love Bombing - Avec cette tactique, le manipulateur rapproche sa victime en lui montrant de l'affection physique en le touchant, en échangeant des pensées intimes, en créant des liens émotionnels et en faisant preuve de gentillesse - cette tactique est utilisée pour montrer à sa victime que rejoindre son groupe était la bonne décision, en effaçant toute affection qu'ils pourraient ressentir envers quelqu'un à l'extérieur.

Le lavage de cerveau sert rarement le bien commun. La plupart des manipulateurs emploient de telles tactiques afin de prendre le contrôle total de leurs victimes.

Le lavage de cerveau peut être dévastateur pour ses victimes. Ils perdent rapidement tout sens d'eux-mêmes et vivent pour plaire à leur ravisseur ; des choses simples que nous tenons pour acquises, comme choisir quoi et quand porter, leur sont retirées ; toutes les décisions qu'ils pourraient autrement prendre leur sont retirées - tout cela pour que le manipulateur se sente indigne et reconnaissant d'avoir gagné ses faveurs.

La première étape pour éviter le lavage de cerveau consiste à prendre conscience des tactiques utilisées par les manipulateurs et de leurs caractéristiques, afin de reconnaître quand quelqu'un essaie de vous laver le cerveau, vous ou un proche. Le lavage de cerveau est une forme agressive de psychologie sombre dans laquelle un manipulateur utilise ces tactiques à des fins personnelles tout en ignorant les sentiments ou le bien-être de ses victimes.

Maintenant que vous comprenez toutes les façons dont les autres vous ont causé du tort, il est temps d'exploiter ces connaissances et de les utiliser à bon escient. Peu importe ce que vous pensiez dans le passé de votre cerveau et de vos capacités, vous réalisez maintenant que vous possédez un pouvoir incroyable qui vous a été donné à la naissance – des capacités qui peuvent ou non être facilement utilisées. Certains peuvent avoir du mal à comprendre qui ils sont vraiment et leurs objectifs dans la vie, et c'est tout à fait normal ; trop d'efforts peut limiter notre réflexion et empêcher l'apparition de nouvelles idées. Peu importe ce que les autres vous ont fait ressentir dans le passé, leurs actions ne définissent pas qui vous êtes aujourd'hui. Tirez des leçons de votre histoire tout en restant fidèle à qui et d'où vous venez. Lâchez toute blessure que vous avez ressentie afin de pouvoir commencer à guérir et à avancer dans une direction plus positive.

Assurez-vous de consacrer suffisamment de temps à bien connaître les gens, sans faire de suppositions à leur sujet. Plus vous comprendrez qui sont réellement les gens, plus il vous sera facile d'avoir une influence positive sur eux. Même lorsque l'on se sent perdu et confus, creuser à l'intérieur ou à l'extérieur peut révéler des vérités plus significatives ; Faire des hypothèses ou étiqueter les gens trop rapidement ne fera que limiter votre capacité de croissance et de meilleure compréhension du monde.

La communication sera la clé. Même si cela peut être effrayant et difficile, dire la vérité finira par être bénéfique pour trouver des solutions aux problèmes plus efficacement. En fin de compte, exprimer et partager votre vérité vous fera vous sentir beaucoup mieux - vous-même et les autres gagnerez à entendre ce que vous pensez et votre cœur. N'essayez pas de persuader par d'autres moyens que la communication. Ne cachez rien à quiconque pourrait avoir besoin de quelque chose ; manipuler les autres de cette façon ne permettra pas d'obtenir un changement durable par rapport au fait de parler des choses par le dialogue et d'en parler avec une autre personne.

Il est maintenant temps de mettre à profit toute la douleur que vous avez vécue. Tout a conduit là où vous êtes aujourd'hui, les moments les plus sombres qui semblaient interminables sont passés, et tous ces moments où vous ne souhaitiez rien d'autre que l'évasion vous ont amené là où vous êtes aujourd'hui. Même si vous ne voudrez peut-être plus jamais répéter ces expériences, apprenez à en être reconnaissant, car sans elles, votre avenir serait probablement très différent et moins bénéfique pour les autres.

Il est maintenant temps de faire ce que vous désirez probablement le plus : influencer les autres ! Dans la société actuelle, la persuasion est essentielle et ne pas réussir à convaincre certaines personnes peut vous empêcher de réaliser les choses que vous désirez réellement dans cette vie. Par conséquent, savoir qui vous voulez convaincre est d'une importance primordiale - qu'il s'agisse de convaincre votre mari que vous êtes prêt à avoir des enfants ou de convaincre toute une équipe de vente de 100 membres de l'importance de faire plus d'efforts pour stimuler les ventes ; les comprendre commence par se familiariser avec qui ils sont et leur mode de fonctionnement avant de les approcher directement et de les essayer personnellement !

À ce stade, il est essentiel de commencer par comprendre leur origine : l'âge, l'identité de genre et le lieu de résidence ne sont que quelques questions à garder à l'esprit lors de l'élaboration de stratégies de persuasion adaptées à vos intérêts. En répondant à ces questions avec précision, l'élaboration de stratégies de persuasion devient beaucoup plus simple.

Certaines différences joueront un rôle essentiel dans cette situation. Par exemple, approcher votre petit ami de 18 ans pour 20 $ est très différent de demander la même chose à votre grand-mère de 80 ans. Pour persuader efficacement les gens, il est essentiel que vous compreniez à la fois ce qui les caractérise de manière générique et leurs caractéristiques individuelles uniques, telles que celles qui composent leurs traits de personnalité.

Une fois que vous avez compris leurs intérêts et ce qui les rend heureux, l'étape suivante devrait consister à évaluer ce qui encouragerait les ventes si nécessaire, comme des remises, des cadeaux ou d'autres récompenses pour être client.
Une fois que vous avez compris leurs goûts et leurs aversions, l'étape suivante devrait consister à identifier les choses qu'ils n'aiment pas, comme les longs délais de retour après l'achat de quelque chose, les frais cachés ou l'impossibilité de personnaliser leurs produits. Une fois identifié, agir en conséquence devient simple ; chaque fois que quelque chose les offense, proposez quelque chose qui leur plaît comme solution ; bien que cela semble évident, beaucoup de ceux qui tentent d'influencer les autres négligeront cette étape.

Enfin, assurez-vous d'être attentif à la façon dont les autres communiquent. En comprenant cette dynamique, il deviendra beaucoup plus simple de garantir que vous exprimez les choses de la même manière avec eux. Écoutez toujours ce que dit l'autre personne et fournissez-lui une plateforme pour parler. Faites attention non seulement aux mots qu'ils utilisent, mais aussi à leur visage lorsqu'ils partagent des informations avec vous. Si quelqu'un a le sentiment d'être ignoré, il pourrait se détourner et avoir

beaucoup moins de chances d'être convaincu à long terme. La section suivante explorera ce sujet plus en détail et déterminera la meilleure façon de favoriser des interactions saines dans la vie.
Comprendre les principes fondamentaux de la communication

La communication peut être un défi pour nous tous. À première vue, cela peut sembler facile – il suffit d'ouvrir la bouche et de commencer à parler – mais nombreux sont ceux qui ont du mal à exprimer ce qu'ils ressentent uniquement avec des mots, même s'ils en font eux-mêmes l'expérience. Mais plus la communication devient efficace dans la vie, plus la vie deviendra facile et plus les résultats qui en résulteront seront heureux.

Pour améliorer vos compétences en communication, n'oubliez pas que les améliorer nécessite de la pratique. Il n'y a pas de pilule magique ni de moyen secret de s'améliorer instantanément - pour devenir meilleur, vous devez continuellement interagir avec d'autres personnes à travers des conversations - que ce soit avec des baristas dans les cafés ou des inconnus aux arrêts de bus, il est préférable d'entamer de petites conversations au début - ne Cependant, ne dérangez pas les autres, cherchez simplement des moyens par lesquels vous pouvez exprimer votre voix au-delà du standard « comment vas-tu ? ».

Assurez-vous de vous communiquer efficacement vos sentiments. Même lorsque nous sommes seuls, il arrive parfois que nos émotions n'aient toujours pas de sens à nos yeux. Si nécessaire, commencez à consigner quotidiennement vos émotions ; Plus vous pourrez les résoudre vous-même en écrivant les émotions qui surviennent, plus il vous sera facile de les gérer vous-même et de les partager efficacement avec les autres.

Lorsque vous commencez à persuader les autres, méfiez-vous de vos propos. Ne forcez personne à faire quoi que ce soit et ne le mettez pas dans des situations dans lesquelles il se sent impuissant à s'arrêter - évitez les phrases telles que « Vous devriez faire ceci ». Personne n'aime qu'on lui dise quoi faire !
Parler d'abord de vous-même peut sembler contre-intuitif, mais les gens réagiront plus positivement en reprenant des exemples plutôt qu'en vous entendant dicter directement leur comportement. Par exemple, disons que vous souhaitez persuader votre conjoint de commencer à se lever plus tôt afin de réduire le stress dû au fait d'être en retard chaque matin ; plutôt que de dire quelque chose comme « Tu devrais te réveiller plus tôt », vous pourriez plutôt dire : « En commençant plus tôt, j'ai découvert qu'en étant moins stressé pendant les trajets matinaux en me levant plus tôt, cela a considérablement réduit mon niveau de stress et m'a aidé à réduire mon facteur de stress matinal avant le travail !"

Laisser les autres croire que votre idée leur appartient garantira une plus grande crédibilité de persuasion ; les gens aiment avoir l'impression qu'ils l'ont inventé eux-mêmes plutôt que d'être forcés d'accepter quelque chose contre leur gré. Permettez-leur d'y travailler par eux-mêmes afin qu'ils puissent évaluer eux-mêmes ses avantages et ses inconvénients. De cette façon, vous créerez une persuasion plus efficace plutôt que de leur imposer quelque chose.

Après cela, faites particulièrement attention à votre ton et à votre langage corporel, en créant un environnement dans lequel ils se sentent à l'aise lorsqu'ils sont autour de vous. Faire preuve de gentillesse, d'amour et de compassion leur permettra de mieux communiquer avec vous ; ne vous sentez pas obligé d'adopter des stratégies de communication rigides et dures juste pour que les gens fassent ce que vous voulez - essayez plutôt d'être gentil et doux et ils répondront mieux !

Enfin, assurez-vous de traiter avec respect ceux que vous essayez d'influencer. Ne leur donnez pas honte ou ne les embarrassez pas en votre présence s'ils disent quelque chose de stupide ; construisez-les à la place et ils vous rendront la pareille en retour. Comment convertir la manipulation négative en persuasion positive

Vous devriez maintenant être un expert en psychologie de base ! Tout commence dans notre esprit et se manifeste différemment pour chaque individu. Afin de réellement réaliser ce que vous désirez dans cette vie, il est essentiel que vous commenciez à en apprendre davantage sur les autres et sur le fonctionnement de leur cerveau ; sinon vous risquez de subir des dommages irréparables à temps.

Prenez toutes les techniques de manipulation que vous avez apprises dans le passé et utilisez-les maintenant pour de bon. Apprenez de vos expériences négatives afin de pouvoir les utiliser comme expériences d'apprentissage sur la façon de ne pas traiter les autres. Afin de transformer la manipulation négative en persuasion positive, commencez par avoir de bonnes intentions derrière ce que vous voulez que les autres acceptent - quelque chose de mutuellement bénéfique entre les deux parties devrait être l'objectif final de toute négociation entre vous deux. Écoutez attentivement lorsque vous parlez avec d'autres personnes de leurs besoins afin que vous puissiez parvenir à un accord dans lequel les deux parties peuvent obtenir des avantages positifs en retour de la part des deux parties impliquées - de cette façon, les deux parties gagnent en termes d'avantages positifs à la fois !

Assurez-vous de donner la priorité aux besoins des autres plutôt qu'aux vôtres. Bien sûr, il est important de prendre soin de soi en premier, mais ignorer ce que ressentent les autres ne servira à personne à long terme.

Les influenceurs sont des leaders. Si vous avez de bonnes idées que vous souhaitez transmettre à d'autres personnes et souhaitez qu'elles profitent de ce que vous savez, il est impératif que vous développiez et perfectionniez vos capacités de leadership positif.

Les autres ne doivent pas être considérés comme vos seuls outils. D'autres peuvent aider, mais vous devez aussi les aider. Un grand leader sait motiver les autres sans forcer leur volonté ; en d'autres termes, offrir quelque chose de bénéfique en retour. Bien que vous puissiez trouver quelqu'un prêt à vous aider à réaliser vos rêves, sachez que cela n'entraîne aucun coût ni avantage pour lui-même ou pour vous.
Vos croyances doivent également faire partie de ce voyage si vous souhaitez réaliser quelque chose d'important dans la vie. Alignez-vous et centrez-les autour de ce système, et votre réussite est certaine !

Assurez-vous d'utiliser un langage inclusif lorsque vous parlez aux autres, en utilisant le langage du « nous » et la confiance lorsque vous le faites. Ils accorderont probablement plus d'attention s'ils sont eux-mêmes inclus dans ce processus.

À ce stade de votre développement, l'élément clé est d'avoir un état d'esprit de croissance. Limiter nos pensées nous amène à réaliser moins de potentiel dans la vie, alors restez au courant des études liées à la persuasion, à la manipulation et à la psychologie en général et abonnez-vous à des newsletters ou à des magazines sur le cerveau humain afin d'avoir un aperçu plus approfondi de ce qui se passe. son fonctionnement.

Vérifiez régulièrement votre état de santé. Ne pas prendre soin de tous les aspects de vous-même pourrait sérieusement compromettre le fonctionnement de votre esprit à mesure que nous vieillissons. Il est donc temps de nous assurer que nous préparons notre esprit en conséquence. Entraînez-vous à garder une perspective ouverte et à écouter attentivement lorsque vous communiquez avec les autres ; continuez à apprendre car plus vous accumulez de connaissances, plus il y en aura encore à découvrir.

N'utilisez jamais non plus l'agressivité et la persuasion. Même si la peur peut inciter les gens à faire temporairement ce que vous voulez, le respect à long terme ne devrait jamais être obtenu par les seules méthodes effrayantes. Montrez votre compassion et comprenez mieux les autres afin qu'ils écoutent plus attentivement lorsqu'ils partagent ce qu'ils pensent.

CONCLUSION

Lors de l'analyse d'une autre personne, le langage corporel est essentiel. Sont-ils grands ou est-ce qu'ils s'affaissent ? Observer les yeux, le visage et les bras d'une personne peut révéler beaucoup de choses sur sa véritable identité. Par exemple, vous pourriez remarquer qu'une personne qui semble confiante peut en fait souffrir d'anxiété si vous commencez à y prêter attention. Vous pourriez également découvrir qu'une personne de confiance vous mentait !

Découvrir ce qui distingue quelqu'un des autres et comprendre pourquoi il agit d'une certaine manière peut être délicat, mais vous finirez par commencer à mieux comprendre pourquoi quelqu'un se comporte de cette façon. Même si deux personnes ne seront jamais pleinement comprises, vous pouvez au moins commencer à avoir un aperçu des raisons pour lesquelles certaines agissent comme elles le font.

Une fois que vous avez réussi à analyser quelqu'un, l'étape suivante devrait consister à le convaincre de vos points de vue ou de vos demandes. La persuasion est la clé lorsque vous essayez d'obtenir ce que vous voulez de la vie ou au moins ce que vous méritez des autres ; tout comme nous l'avons vu dans le premier livre, la lecture ne fera rien sans que des mesures soient prises - même si prendre conscience de soi peut être intimidant au début, cette étape est essentielle pour prendre conscience des autres autour de vous et devenir des communicateurs efficaces.

Les gens suivent souvent les autres aveuglément sans jamais aller plus loin en eux-mêmes, sans remettre en question leurs pensées et sans faire un effort honnête pour y parvenir. Bien que cela puisse paraître difficile à première vue, il est crucial que nous explorions notre psychisme afin de vivre une vie plus heureuse et plus saine.

Rappelez-vous qu'il est toujours sain et normal de permettre aux autres de vous influencer ! Pensez à tous les grands leaders du monde entier qui ont pu inspirer les autres en inspirant une passion et une motivation positives chez ceux qu'ils dirigent — beaucoup ont fait exactement cela en pensant à vous !
Personne n'est à blâmer s'il succombe à l'influence des autres ; ce qui fera la différence maintenant, c'est de savoir si cette influence prend la forme d'une inspiration positive et édifiante plutôt que d'une manipulation de la part de quelqu'un qui cherche à vous faire du mal.

Lorsque vous naviguez dans la vie, gardez cet objectif clé à l'esprit : utilisez toujours votre cerveau pour de bon ! Même si cela peut parfois s'avérer difficile, cela reste toujours la meilleure solution. Même si vous êtes facilement manipulé par quelqu'un d'autre, ne profitez pas de telles opportunités pour manipuler quelqu'un. Même si cela peut sembler être de leur faute s'ils ne sont pas plus conscients, ne présumez jamais cela ; certaines personnes ont vécu des choses qui ont rendu plus difficile la libération des anciens schémas et la recherche de solutions plus saines pour faire face à leurs émotions et à leurs pensées.

Aidez toujours les autres, ne leur faites pas de mal. Même ceux qui vous ont fait du tort dans le passé ne devraient pas devenir la cible de votre colère ; utilisez votre intelligence pour le bien, en contribuant à rendre le monde meilleur avec une influence saine, et vous découvrirez bientôt que tout ce que vous avez toujours désiré viendra à votre rencontre.

Tous réussissent, commencez par le cerveau

Un analyseur ou un lecteur individuel peut rapidement déchiffrer la personnalité d'un individu à travers divers attributs, y compris ce qu'il fait pendant son temps libre. Par exemple, participer à des campagnes communautaires, à des activités de bénévolat et contribuer aux initiatives de l'Église pourraient révéler qu'ils sont philanthropiques. D'un autre côté, faire la fête sans fin ou regarder la télévision pourrait indiquer une faible ambition et une gratification instantanée ; même des habitudes apparemment insignifiantes révèlent beaucoup de choses sur qui sont réellement les gens.
Comment la psychologie affecte nos vies

Les psychologues ne sont pas d'accord sur la question de savoir si notre comportement est uniquement déterminé par la génétique ou l'hérédité ; d'autres considèrent nos expériences depuis la naissance comme des contributeurs clés. D'autres croient que notre environnement immédiat ou nos expériences façonnent notre comportement - par exemple, si quelqu'un est constamment victime d'abus, son comportement pourrait en conséquence changer. Par exemple, si une personne subit constamment des abus, son comportement peut changer en conséquence ;
À mesure qu'ils grandissent et subissent la marginalisation et le racisme en raison de leur classe ou de leur race, ils peuvent en venir à mépriser les personnes plus riches ou les races apparemment supérieures tout en sympathisant avec les opprimés.

De même, les enfants qui subissent des brimades, des abus ou des victimisations persistantes dans leur enfance peuvent devenir eux-mêmes des intimidateurs. Leurs perspectives, leurs valeurs, leur personnalité et leur attitude auront probablement été façonnées par ces premières expériences de violence et d'abus au début de leur vie.

Avez-vous rencontré des personnes qui semblent vouloir lire leur personnalité à travers les signes du zodiaque ou l'astrologie ? N'est-ce pas le signe d'une faible conscience de soi et d'une faible compréhension ? Par exemple, les gens ont tendance à se tourner vers des choses qui leur manquent beaucoup ; Une personne privée d'une attention parentale adéquate au cours de la petite enfance ou de l'adolescence pourrait devenir quelqu'un qui aime le drame et les stratégies de recherche d'attention à l'âge adulte, devenant peut-être de plus en plus dramatique et voyante avec le temps.

Les analyseurs de personnes doivent rester attentifs aux indices subtils qui peuvent révéler qui est réellement la personne. Il existe de nombreux signes autour de nous ; tout ce que vous avez à faire en tant qu'analyste est de garder l'œil ouvert.
nous

Notre esprit peut être divisé en trois couches distinctes : l'esprit conscient, l'esprit subconscient et l'esprit inconscient. Alors que la conscience consciente englobe les pensées, les actions, les apprentissages et les expériences issus de la seule conscience consciente, les esprits subconscient et inconscient sont des domaines de l'esprit qui peuvent contenir des informations dont nous ne réalisons pas qu'elles sont présentes ; grâce à la conscience de l'esprit, nous prenons conscience de toutes les perceptions, sentiments, concepts ou idées recueillis dans notre environnement immédiat qui pourraient autrement nous rester invisibles ou inconnus.

Cependant, lorsqu'il s'agit de notre subconscient et de notre inconscient, nous avons généralement une conscience très limitée de toutes leurs pensées, idées, concepts et informations qui y sont stockés. Notre esprit conscient ne montre qu'une partie de sa complexité ; il y a plusieurs couches sous sa surface qui affectent notre personnalité et notre comportement à notre insu.

Commencez par vous-même si vous souhaitez devenir un analyste efficace des ressources humaines. Évaluez ce que vous savez ou dans quelle mesure vous vous comprenez vous-même ou votre propre personnalité ou vos modèles de comportement, y compris les déclencheurs qui déterminent vos comportements : quelles croyances, peurs, facteurs de motivation ou valeurs pourraient motiver un tel comportement ?

Une fois que vous vous comprenez ainsi que les différentes personnalités et comportements, commencez à explorer ceux de vos amis proches et des membres de votre famille. Une fois cette étape terminée, essayez de comprendre les étrangers tels que ceux que vous voyez en attendant dans les cliniques médicales ou les aéroports ainsi que les personnes que vous rencontrez pour la première fois lors de fêtes ou lors d'interactions quotidiennes - continuez à pratiquer cette compétence jusqu'à ce qu'elle vienne naturellement et que vous puissiez lire. les gens rapidement et efficacement comme un expert !

Émotions et comportement humain

Les émotions sont des expériences éphémères que nous vivons dans le cadre de l'activité mentale. Bien que les émotions puissent sembler rationnelles ou logiques au premier abord, nos réactions restent parfois émotionnelles malgré les preuves contre l'ami menacé ou accusé. Par exemple, même lorsqu'on leur présente des preuves d'actes répréhensibles de leur part.
Même lorsque quelqu'un nous trahit dans notre dos, nous restons fidèles et lui faisons davantage confiance.

En tant qu'êtres humains, nous avons tendance à agir par impulsion plutôt que par raisonnement. Les comportements des gens sont fortement influencés par les émotions. Les comprendre nous donne le pouvoir de comprendre et de prédire leurs actions, leurs traits de personnalité et leurs comportements. Théories psychologiques Le conditionnement classique est une théorie psychologique largement répandue dans laquelle les individus apprennent en associant certains comportements à des récompenses ou à des renforçateurs, comme des friandises. Le même principe est souvent utilisé lors du dressage des animaux - par exemple pour récompenser votre chien avec des friandises à chaque fois qu'il récupère une balle ! Inévitablement, aller chercher sera associé à des friandises pour votre animal de compagnie ; il finit par apprendre qu'il est nécessaire d'aller chercher une friandise s'il veut une friandise !

Le conditionnement classique joue un grand rôle dans nos vies en tant qu'êtres humains. Dès la naissance, nous associons pleurer au fait d'être nourri et maintenu propre ; étudier régulièrement pour obtenir de bonnes notes à l'école. Le conditionnement classique influence tous les aspects de la vie : les bébés apprennent que pleurer signifie qu'ils seront nourris ou nettoyés ; les étudiants découvrent qu'étudier avec diligence entraîne de bonnes notes. Par conséquent, le conditionnement classique reste influent tout au long de la vie : en tant qu'individus, nous apprenons à répondre à certains stimuli de certaines manières, ce qui constitue l'un des déterminants clés en matière d'analyse du comportement.

Comportement humain et physiologie.

Des études montrent que les gens présentent des réactions physiques spécifiques aux stimuli qui peuvent être utilisées comme indicateurs pour les analyser. Les psychologues criminels utilisent couramment ce principe pour comprendre la psychologie criminelle et ce qui motive les criminels à commettre des crimes ; grâce à la technologie biométrique, les enquêteurs tentent de déterminer si les pensées suspectes correspondent aux actions.

Les techniques psychologiques et physiologiques combinées sont des outils puissants pour découvrir les motivations du comportement humain. Notre corps présente des réactions physiologiques spécifiques lorsque quelqu'un se livre à une tromperie ou à un mensonge, comme des pupilles dilatées, de la transpiration ou d'autres indicateurs indiquant qu'il pourrait induire en erreur ou mentir.
La fréquence cardiaque augmente, les palpitations augmentent, la transpiration augmente et les contractions des orteils se produisent plus souvent lorsque l'on se sent menacé ou mal à l'aise. Analyser des personnes à l'aide d'indices physiologiques ou

non verbaux peut fournir une analyse plus précise ; cependant, comme pour toutes les formes d'analyse, elle ne peut jamais être fiable à 100 %.

Cependant, toutes les formes de communication n'ont pas la capacité de convaincre les gens, car certaines peuvent simplement servir à divertir ou à fournir des informations. La persuasion peut également être utilisée comme un moyen peu recommandable pour manipuler les autres ; essayer de persuader les autres peut même être considéré comme un comportement répugnant. La persuasion doit être distinguée de la communication car sa cause donne lieu à des changements de comportement en tant qu'effet ou réponse.

Ici, nous explorerons les étapes par lesquelles passe une personne lorsqu'elle est persuadée. La première est la communication dans laquelle le destinataire prête attention au contenu fourni. Il ou elle tentera ensuite de comprendre tous les aspects de la communication dans son ensemble, y compris en essayant de comprendre ce que l'orateur essaie de transmettre. Cela implique de comprendre les conclusions proposées par l'orateur ainsi que toute preuve pouvant étayer cette conclusion. La persuasion se produit lorsqu'un individu accepte ou est d'accord avec ce qui lui est fourni et conserve cet intérêt suffisamment longtemps pour y donner suite. L'objectif principal de la persuasion est qu'un individu ou un groupe de personnes adopte de nouvelles attitudes, comme changer de marque de céréales en raison de nouvelles informations présentées ou modifier ses croyances religieuses.
Théories du conditionnement Le conditionnement est l'un des principaux concepts de la persuasion. Le conditionnement cherche à convaincre quelqu'un de quelque chose par lui-même plutôt que de lui donner des instructions directes telles que l'obéissance.

Le conditionnement est largement utilisé par les annonceurs dans la publicité pour générer des associations positives entre leur marque ou leur logo et des émotions positives. Les entreprises ont recours à des publicités qui encouragent les téléspectateurs à rire, à se sentir sentimentaux ou à utiliser de la musique et des images joyeuses ; une fois ces publicités terminées, elles révèlent le logo de la marque dans l'espoir que ces émotions soient liées à leur produit ou service.
Théorie de l'inoculation La théorie de l'inoculation peut souvent être observée dans des publicités comparatives. Selon ce concept, une partie a des arguments faibles qui peuvent entraîner une réduction de sa crédibilité et ainsi inciter son public à choisir à la place les arguments supérieurs d'une autre partie.
Narrer la théorie des transports.

La théorie du transport narratif postule que les attitudes des gens peuvent changer lorsqu'ils se plongent dans des histoires. Il cherche à démontrer le pouvoir persuasif des histoires en expliquant quand les individus peuvent faire l'expérience d'un

transport narratif en raison de diverses conditions préalables ; de plus, le transport narratif se produit lors de l'écoute de récits qui évoquent certains sentiments tels que l'empathie pour ses personnages.
Extrait de : « Comment analyser les personnes et le langage corporel pour les débutants. Acquérir un aperçu des secrets du corps et du cerveau pour acquérir des compétences de communication extraordinaires. Mindset PNL. »

LA FIN